Architekturführer Potsdam

gebaut!

Catrin During   Albrecht Ecke

Lukas Verlag

Architekturführer Potsdam

gebaut!

Catrin During   Albrecht Ecke

Lukas Verlag

Inhalt

Potsdam 1968

Einleitung

Potsdam ist nicht nur Sanssouci und Park Babelsberg. Die Stadt hat für Architektur- und Landschaftsliebhaber viel mehr zu bieten als die (mit Recht) weltbekannten Schlösser und Gärten. Und weil Sanssouci und die Kleinode von Park Babelsberg in zahlreichen Publikationen umfangreich dokumentiert sind, die Bauwerke der Stadt dagegen oft in deren Schatten stehen und stiefmütterlich behandelt werden, konzentriert sich der vorliegende Führer bewusst auf die »anderen« Objekte, ohne freilich die ersteren zu vergessen.

Potsdam ist die Stadt der Architekturzitate. Reisefreudige, weltoffene und von Fremdheit faszinierte Architekten, Künstler, Bauherren und Baumeister haben in Potsdam eine einzigartige Sammlung von Artefakten europäischer und außereuropäischer Architektur in überraschenden Ensembles hinterlassen.

Potsdam ist Verwaltungsstadt, Potsdam ist Garnisonsstadt, Potsdam ist Universitäts- und Hochschulstadt, Filmstadt, Stadt am Wasser, Stadt der Gärten und Parks. Potsdam ist Wohnstadt und Wissenschaftsstandort. Jeder Aspekt hat seine Zeugen in Form von Bauwerken hinterlassen, und so kann sich die brandenburgische Hauptstadt sehr wohl neben dem übermächtigen Berlin in eigener Identität auch architektonisch behaupten.

Potsdam ist heute eine Stadt bedingungsloser Denkmalpflege. Oft gescholten und manchmal sicher auch über das Ziel hinaus schießend haben die Potsdamer Denkmalpfleger alles dafür getan, das Gesamtkunstwerk Potsdam zu schützen, zu bewahren und überformte Teile behutsam wiederherzustellen.

Potsdam ist die Stadt der Siedlungen. Es gibt sie in allen Zeiten und unterschiedlichen Stilen zu entdecken: Von der Reformsiedlung der 1920er Jahre über den DDR-Plattenbau bis zur postmodernen Großsiedlung. Potsdam, das sind nicht nur die Stadtteile, sondern auch die neuen Ortsteile und umliegenden Dörfer von ländlich-märkischem Charme, mit havelländischer Beschaulichkeit eingebettet in die faszinierende Kulturlandschaft.

Potsdam ist auch die Stadt der Lücken, Fehlstellen und Brüche. Als Ergebnis des II. Weltkrieges hat Potsdam viele Gebäude und Gebiete in gewachsenen Strukturen eingebüßt. Die DDR mit einer oft ideologisch gefärbten Moderne und dem massiven industriellen Wohnungsbau schloss viele Lücken ohne Sensibilität. Doch auch die in jener Zeit entstanden Bauten legen Zeugnis über die Bedingungen ihrer Entstehung ab.

Potsdam ist auch die Stadt der Kontraste. Exklusive Villen auf dem Hochufer des Griebnitzsees stehen unweit sozialistischer Großsiedlungen, Weltkulturerbe findet sich neben profanen Einkaufscentern und städtischen Strukturen. Trotz allem steckt hinter Potsdam ein visionärer Plan eines sich logisch und harmonisch in der Landschaft entwickelnden städtischen Gebildes.

Man kann Potsdam mit dem Architekturführer in der Tasche erwandern: Die Dimensionen sind überschaubar, aber die Eindrücke reichhaltig und immer wieder erstaunlich.
Wir wünschen Ihnen dabei viel Freude.

Catrin During   Albrecht Ecke

Altstadt und I. Barocke Stadterweiterung

Wenn man heute vom Hauptbahnhof kommend die Alte und die Neue Fahrt beidseits der Freundschaftsinsel quert, betritt man den Ausgangspunkt Potsdamer Stadtentwicklung. Potsdam entwickelte sich aus drei Siedlungskernen: 993 wurde Poztupimi, die slawische Burg im Osten der heutigen **Altstadt**, erstmals erwähnt. Eine deutsche Siedlung mit Burg entwickelte sich im späteren Mittelalter im Bereich des heutigen Alten Marktes. Zur Burg gehörige Fischersiedlungen sind im Westen der Altstadt überliefert.

1662 entstand das Stadtschloss, das zum Ausgangspunkt der künftigen Planungen der Potsdamer Kulturlandschaft mit ihren Wegeachsen in die Landschaft wurde. Diese Achsen prägen Potsdam und seine Umgebung bis heute. Der Alte Markt am Stadtschloss mit Rathaus, Nikolaikirche und den umgebenden Bürgerbauten dagegen wurde zum baukünstlerischen Zentrum der Stadt.

Heute ist die Altstadt als solche allerdings kaum noch zu erkennen. In Folge der Bombardements des II. Weltkrieges und des Strebens der DDR-Oberen nach einer sozialistischen Metropole sind viele Lücken entstanden und viele Schneisen in die historischen Stadtstrukturen geschlagen worden. So ist Potsdam heute auch bekannt für zahlreiche verlorene Bauten: das Stadtschloss, das Palais Barbarini, die Garnisonkirche und andere mehr. Erhalten ist aber der Neue Markt als nahezu geschlossenes barockes Kleinod, ein großer Teil der spätbarocken Bebauung der Kiezstraße sowie einige Ensembles der Breiten Straße. Dazwischen liegen mal mehr aber oft eher weniger interessante DDR-Moderne sowie aktuelle Versuche, die Lücken zu füllen. Eine Aufgabe, die insbesondere dem unlängst beschlossenen Wiederaufbau des Potsdamer Stadtschlosses zufällt.

Mit der Altstadt und dem zukünftig wieder errichteten Stadtschloss im Rücken, betritt man nördlich des einstigen und vielleicht auch bald wieder entstehenden Stadtkanals die **I. Barocke Stadterweiterung**, auch Erste Neustadt genannt. Durch die Regulierung und den Ausbau des Stadtkanals seit 1715 nach holländischem Vorbild wurde für das wirtschaftlich, unter dem Soldatenkönig Friedrich Wilhelm I. vor allem aber militärisch wachsende Potsdam dringend benötigtes Gelände erschlossen.

Durch Zuschüttung des Faulen Sees entstand der seinerzeit Wilhelmplatz genannte heutige Platz der Einheit. Auf dem nun neu gewonnenen Areal finanzierte der König den Bau von 130 Wohnhäusern in Form von zumeist fünfachsigen aber für Offiziere auch siebenachsigen zweigeschossigen Typenbauten. Durch die Fortführung bereits in der Altstadt angelegter Wegeachsen entstand die charakteristische Anordnung der Häuser in häufig trapezförmigen Blöcken. In allen Häusern mussten natürlich Soldaten beherbergt werden. Parallel dazu ließ der König vier Kirchen und ein Militärwaisenhaus errichten.

Auch in der I. Barocken Stadterweiterung haben Krieg und DDR-Stadtplanung Spuren hinterlassen, Kirchen mit durchaus reparablen Kriegsschäden wurden gesprengt, und der Stadtkanal wurde zugeschüttet. Zahlreiche Bauten der Nachkriegsmoderne ordnen sich nicht in den historisch gewachsenen Stadtgrundriss ein. Trotzdem kann man am wieder entstandenen Abschnitt des Stadtkanals in der Yorckstraße und einigen versteckten Orten noch etwas von der Atmosphäre und Struktur Potsdams zu Beginn des 18. Jahrhunderts erahnen.

1 Stadtbefestigungsanlagen

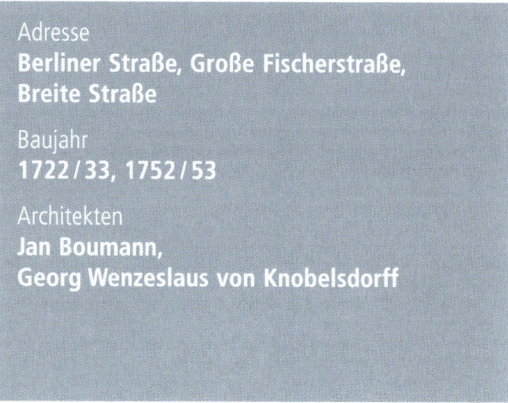

Adresse
Berliner Straße, Große Fischerstraße, Breite Straße

Baujahr
1722/33, 1752/53

Architekten
**Jan Boumann,
Georg Wenzeslaus von Knobelsdorff**

Das **Berliner Tor** wurde 1733 an der Einmündung zur Charlottenstraße errichtet. Bereits 1752/53, als die Stadtmauer im Rahmen der Stadterweiterung verschoben wurde, errichtete Jan Boumann an gleicher Stelle das heute nur noch teilweise erhaltene »neue« Berliner Tor. Die Form des Triumphbogens bestimmte Friedrich II. selbst. Ende des 19. Jahrhunderts wurde das Tor wiederum versetzt. 1945 bereits teilweise zerstört, trug man Teile des Tores 1952 ab, um dem steigenden Verkehrsaufkommen gerechtzuwerden. Heute ist an der Berliner Straße noch die rechte Halbrundfassade erhalten.

Die ab 1722 errichtete **Stadtmauer** hatte nie eine wirkliche Schutz- oder Verteidigungsfunktion. Sie diente einerseits als Akzisemauer (Akzise = Steuer) und andererseits, um Soldaten der Potsdamer Garnison an der Flucht zu hindern. Die ehemals über 3,70 Meter hohe Mauer wurde um 1733 mit Ziegeln erneut verstärkt und erweitert. Der noch heute vorhandene ca. 160 Meter lange Mauerrest wurde 2004/05 restauriert.

Als Abschluss der I. Stadterweiterung 1722 errichtet, war das **Neustädter Tor** im Zuge der II. Barocken Stadterweiterung funktionslos geworden, da es nun innerhalb der Stadt lag. 1753 folgte nach Entwürfen Knobelsdorffs ein repräsentativer Neubau mit zwei Obelisken. Im II. Weltkrieg stark zerstört, wurde 1981 zumindest ein restaurierter Obelisk in der Nähe des ursprünglichen Standortes wieder aufgestellt. Die »Hieroglyphen« darauf sind offenbar nur dekorativ; eine Bedeutung ist nicht bekannt.

2 Ehemaliges Großes Militärwaisenhaus

Adresse
Breite Straße, Lindenstraße, Dortustraße

Baujahr
1724, 1777, 2000–04

Bauherren
**König Friedrich Wilhelm I.,
König Friedrich II.**

Architekten
**Carl Philipp von Gontard,
gibbins european architects (Sanierung)**

Nach dem Vorbild der Franckeschen Stiftungen in Halle/ Saale gründete Friedrich Wilhelm I. 1722 das Große Militärwaisenhaus für die Kinder seiner Soldaten. Bis zu zweitausend Jungen und fünfhundert Mädchen beherbergte es zeitweilig. Sie wurden in Christentum, Lesen, Schreiben und Rechnen unterrichtet, mussten allerdings auch bis zu zehn Stunden am Tag arbeiten: in der Gewehrfabrik, auf den Maulbeerplantagen und in anderen Handwerksbetrieben. Den dreiflügligen Fachwerkbau ließ Friedrich II. 1771–77 auf den vorhandenen Fundamenten durch einen monumentalen Neubau seines Architekten Carl von Gontard ersetzen. Auf dem Dach des spätbarocken Hauptgebäudes erhebt sich ein von acht Säulen getragener Rundtempel mit einer steilen Kuppel. Der Monopteros wird von einer vergoldeten Statue der Caritas gekrönt, die Nächstenliebe und Barmherzigkeit symbolisiert und die herannahenden Reisenden schon von weitem begrüßt. Darunter liegt das einzigartige, durch alle Geschosse führende Treppenhaus mit schmiedeeisernen Rokokogittern, dessen Läufe in einer Raumspirale turmartig übereinander angeordnet sind und dadurch miteinander korrespondierende Kuppelräume bilden. Heute ist der 2005 rekonstruierte Turm wieder in seiner alten Pracht zu bestaunen. Er gilt als Muster der späteren Türme Gontards auf dem Gendarmenmarkt in Berlin und zählt zu dessen originellsten Leistungen.

Nach dem I. Weltkrieg nahm das Militärwaisenhaus auch Kinder von preußischen Staatsbeamten auf; 1938 wurde es von der Wehrmacht übernommen, die ein anstaltseigenes Gymnasium gründete. 1952 überführte die Regierung des Landes Brandenburg den Stiftungsbesitz in Volkseigentum. Erst 1992 wurde die alte Stiftung wieder in ihre Rechte eingesetzt und widmet sich seitdem wieder der Kinder- und Jugenderziehung.

3 Wohnhäuser

Adresse
Kiezstraße

Baujahr
nach 1777

Architekten
u.a. Georg Christian Unger

Als »Kytz zu Potstamp« wurde das Quartier 1349 erstmals urkundlich erwähnt. 1722 vergrößerte sich die Stadt und gemeindete auch den zur »Neustadt« gehörenden Kiez ein. Die einst mit Stroh gedeckten Häuser bekamen ein zweites Geschoss, ein Ziegeldach und mussten, wie alle anderen Häuser auch, Soldaten beherbergen. Der gegen Schmuggel und Deserteure hinter den Häuserzeilen errichtete »Wall am Kiez« wurde später wieder eingeebnet. An seine Stelle traten promenadenartige, 1843 von Peter Joseph Lenné mit Rosskastanien bepflanzte Wege. Georg Christian Unger errichtete 1780 mit dem Haus Kiezstraße Nr. 5 eines der schönsten der hiesigen Barockhäuser. So bekannte Potsdamer wie die Baumeister Büring und Gontard haben in dieser Straße gewohnt, deren Barockfassaden bis heute weitestgehend erhalten geblieben sind.

4 Hiller-Brandtsche Häuser

Adresse
Breite Straße 26/27

Baujahr
1769

Bauherr
König Friedrich II.

Architekt
Georg Christian Unger

Friedrich II. erteilte 1769 dem Architekten Georg Christian Unger den Auftrag, in der Prachtstraße Potsdams vis á vis dem Waisenhaus ein repräsentatives Bürgerhaus mit Palaisfassade zu errichten. Der Entwurf orientierte sich an Schloss Whitehall in London von Inigo Jones, der sich wiederum vom italienischen Renaissance-Architekten Andrea Palladio inspirieren ließ. Für den Kaufmann Johann Friedrich Hiller und den Schneider Johann Gerhard Brandt entstand ein stark gegliedertes Doppelhaus mit zwei dreigeschossigen Wohntrakten und einem dazwischenliegenden niedrigen Verbindungsbau, in dem Soldaten einquartiert wurden. Die Dachbalustrade schmücken mythologische Sandsteinfiguren aus der römischen Antike. Heute ist die Hausgruppe das einzige Beispiel palladianischen Klassizismus in Potsdam.

5 Ehemaliges Lazarett

Adresse
Lindenstraße 25

Baujahr
1772

Bauherr
König Friedrich II.

Architekt
Georg Christian Unger

Friedrich II. ließ 1772 in der Nähe der Hauptwache ein neues Militärlazarett errichten. Es ersetzte ein Fachwerkgebäude, das zuvor die Leibgarde des Soldatenkönigs als Lazarett genutzt hatte. Georg Christian Unger baute ein relativ schmuckloses dreigeschossiges Steingebäude: lediglich ein über drei Fensterachsen gezogener Risalit und zwei Figurengruppen über dem Eingangsgiebel charakterisieren den Neubau. Hier wohnte auch der Regimentfeldscher, d.h. der Militärsanitäter. Die beiden Sandsteingruppen des Bildhauers Philipp Gottfried Jenner stellen zwei Behandlungssituationen dar: eine mit Klistier und eine mit Arzneiglas. Offenbar sollten die Figuren die kranken Gardisten eher abschrecken denn zum Arztbesuch einladen.

6 Alte Wache

Adresse
Lindenstraße 45

Baujahr
1795–97

Bauherr
König Friedrich Wilhelm II.

Architekt
Andreas Ludwig Krüger

Sie war ein Geschenk König Friedrich Wilhelm II. an sein ehemaliges Regiment »Prinz von Preußen« und hieß bei ihrer Einweihung 1797 noch die »Neue Wache«. Andreas Ludwig Krüger orientierte sich mit dem heute als »Alte Wache« bekannten zweigeschossigen Putzbau an der kurz zuvor fertiggewordenen Hauptwache in Posen (Poznań) und an den Mohrenkolonnaden (Carl Gotthard Langhans) in Berlin. Die klassizistische Fassade mit den bis dahin in Potsdam ungebräuchlichen Arkaden fiel in der barocken Charlottenstraße besonders auf. Mit Werkstein verkleidete Bogenhallen, die auf gekuppelten Säulen stehen, bestimmen an den beiden Hauptfronten das Bild. Der umlaufende Fries zeigt vorrangig militärische Themen: auf der Westseite Bellona und Minerva – die Sphinx mit Feldzeichen fehlt heute –; auf der Nordseite Mars, umrahmt von Bannern und Schilden.

7 Grundschule Max Dortu

Adresse
Dortustraße 28–29

Baujahr
1771

Architekt
Georg Christian Unger

Der im Wohnhausbau erfahrene Architekt Georg Christian Unger entwarf 1771 die beiden Wohnhäuser im friderizianischen Rokoko und machte aus jedem ein Unikat. Haus Nr. 28 (rechts) verfügt über ein rustiziertes Erdgeschoss mit einem plastisch hervorgehobenen Eingangsportal und Fensterbedachungen, das Dach ruht auf einer niedrigen Attika. Das linke Nachbarhaus Nr. 29 charakterisieren ein schlichteres Rundbogentor und Rundbogenfenster im Erdgeschoss sowie abweichende Geschosshöhen. Hier wurde der revolutionäre Demokrat Max Dortu, dessen Eltern das Haus gehörte, 1826 geboren. 1867 wurden beide Häuser zu einer Schule umgebaut. Noch heute beeindruckt das sogenannte Rosenzimmer mit seiner Rokoko-Stuckdecke, das als Klubraum in der Grundschule »Max Dortu« erhalten geblieben ist.

8 Brandenburgischer Rechnungshof

Adresse
Dortustraße 30–34

Baujahr
1907, 1993–97 (Sanierung)

Architekt
Nicolaysen

Für den Rechnungshof des Deutschen Reiches entstand 1907 an der Dortustraße ein wilhelminischer Großbau. Das Architekturbüro Nicolaysen entwarf einen von neubarocker Monumentalität geprägten, viergeschossigen Sandsteinverblenderbau mit zwei Seiten- und einem kraftvollen Mittelrisalit. Der quadratische Innenhof wird von Fassaden gefasst, die zwischen Rokoko und Jugendstil changieren. Die hinter dem Mittelrisalit liegende Halle ist in der Höhe durch alle vier Geschosse geführt und mit einem Oberlicht versehen, das Tageslicht bis in den Eingangsbereich fallen lässt. Die großzügigen Treppenanlagen und Galerien wurden nach Originalbefund aus dem Jahr 1907 gestrichen und erstrahlen wieder im Charakter ihrer Entstehungszeit. Heute nutzen das Gebäude gemeinsam der Landesrechnungshof und die Potsdamer Außenstelle des Bundesrechnungshofes.

9 Ehemalige Gewehrfabrik und Kaserne des Infanterieregiments Nr. 9

Adresse
Henning-von-Tresckow-Straße 2–8

Baujahr
1776–80, 1884, 1999

Bauherr
König Friedrich Wilhelm I.

Architekten
**Georg Christian Unger,
gibbins european architects (Sanierung)**

Um von Waffenimporten unabhängig zu sein, erteilte König Friedrich Wilhelm I. 1721 den Auftrag zur Gründung einer Gewehrfabrik. Zunächst entstanden mehrere eingeschossige langgestreckte Fachwerkgebäude, die allerdings bald verfielen. Deshalb errichtete Georg Christian Unger von 1776 bis 1780 neue, nun dreigeschossige Steinbauten mit Keller und Ziegeldach. In der Mitte des Gebäudes befand sich der Haupteingang zur Fabrik, der auf den Ecken von Mars und Minerva bekrönt wurde. Die Kaserne des Infanterieregiments Nr. 9 zog 1863/64 in das Gebäude ein. Auf einem originalgetreu rekonstruierten Gang in der ehemaligen Kaserne sind die Gewehrnischen noch heute erkennbar. Nach der Restaurierung 1999 wurde das monumentale Mansarddach wieder aufgesetzt und beherbergt jetzt das Brandenburgische Ministerium für Infrastruktur und Raumordnung.

10 Langer Stall

Adresse
Werner-Seelenbinder-Straße 7

Baujahr
1781

Bauherr
König Friedrich II.

Architekt
Georg Christian Unger

In direkter Nachbarschaft zur Garnisonkirche ließ Friedrich Wilhelm I. 1734 einen »überdachten Exerzierplatz« im Fachwerkstil nach Plänen von Pierre de Gayette errichten. Friedrich II. baute die Breite Straße zur Prachtstraße aus und beauftragte seinen Architekten Georg Christian Unger mit dem Entwurf einer Fassade für den 120 Meter langen Fachwerkbau. Nach einer Vorlage von Andrea Palladio entstand 1781 ein Portalbau aus Stein, dessen übergiebelten Mittelrisalit Skulpturen von Johann Christoph Wohler schmücken. Während einer Bombardierung im II. Weltkrieg wurde der Lange Stall, in dem Munition gelagert worden sein soll, gemeinsam mit der Garnisonkirche schwer zerstört. Nur die Fassade des Kopfbaus überlebte den Angriff und besteht nach einer Restaurierung im Jahre 1983 bis heute.

11 Wohnhaus Brockes

Adresse
Yorckstraße 19–20

Baujahr
1776

Bauherr
Johann Christoph Brockes

Architekt
Carl Philipp von Gontard

Zu den schönsten Potsdamer Barockhäusern zählt das Haus des Glasschleifers Johann Christoph Brockes. Bereits 1770 hatte dieser ein Grundstück erworben, aber erst 1776 baute der Baukondukteur Friedrich Wilhelm Titel das Wohnhaus nach einem Entwurf Carl von Gontards, der sich von der französischen Schlossbaukunst, besonders der Ostfassade des Louvre, inspirieren ließ. Mittel- und Eckrisalite und eine Attika gliedern den dreigeschossigen Bau. Im Mittelrisalit befindet sich eine aus vier Vollsäulen gebildete Loggia mit einem abschließenden Giebeldreieck. Zwei heute nicht mehr vorhandene Puttengruppen mit Symbolen der Glasherstellung verwiesen auf den Beruf des Besitzers. Nach dem Tod Brockes zog die Oberrechnungskammer in das Palais, nach dem II. Weltkrieg beherbergte es das Fernmeldeamt der Deutschen Post.

12 Stadtkanal

Adresse
Yorckstraße

Baujahr
1722, ab 1756, 2001

Bauherr
König Friedrich Wilhelm I.

Architekten
u. a. Heinrich Ludwig Manger

Die Potsdamer erneuerten 1722 auf Veranlassung von Friedrich Wilhelm I. ihre Stadtentwässerungsgräben nach holländischem Vorbild. Der Stadtgraben verlief vom Keller-Tor über die Straße am Kanal zur Dortustraße und mündete in Höhe der Oberen Planitz wieder in die Havel. So wurde das sumpfige Gelände entwässert und der Grundwasserstand konstant gehalten, was vor allem für die zahlreichen Pfahlhäuser wichtig war. Seit 1756 versah man die Gräben mit steinernen Einfassungen, insgesamt neun Brücken führten über die Grachten. 1965 wurde – zeitgleich mit dem Abriss des Stadtschlosses – der Stadtkanal vollständig zugeschüttet. Erst im Rahmen der Bundesgartenschau 2001 konnte auf Initiative eines Fördervereins in der Yorckstraße ein erstes, über hundert Meter langes Teilstück des Kanals wiedereröffnet werden.

13 »Happe-Röhrichtsche Häuser«

Adresse
Yorckstraße 3–4

Baujahr
1822, 1823

Bauherren
Happe und Röhricht

Architekt
**Karl Friedrich Schinkel (Entwurf),
Christian Heinrich Ziller**

Im Zuge der I. Stadterweiterung Potsdams entstanden die sogenannten Happe-Röhrichtschen Häuser in der Yorckstraße 3 und 4. Der Bau sollte gemäß dem städtebaulichen Grundsatz Friedrich II. eine großartige innerstädtische Wirkung in seiner königlichen Residenz entfalten. Nach Entwürfen von Karl Friedrich Schinkel baute dessen Schüler Christian Heinrich Ziller die beiden barocken Bürgerhäuser. Der zweigeschossige Putzbau mit Eckrisaliten ist als Doppelhaus mit einer einheitlichen Fassade konzipiert. Der Balkon über dem westlichen Eingang und die Dachfenster wurden später hinzugefügt und stören die ursprüngliche Einheitlichkeit. Putzquader verzieren das Untergeschoss, und der erste Stock wird von Pilastern gegliedert. Heute werden die Gebäude als Wohn- und Geschäftshäuser genutzt.

14 Kabarett »Obelisk«

Adresse
Charlottenstraße 31

Baujahr
1782, 1997

Bauherr
Stadt Potsdam

Architekten
Georg Christian Unger, Ludwig Ferdiand Hesse, Bernhard Strecker

Das barocke Ordonnanzhaus mit einem Tanzsaal entstand 1782 nach Plänen von Unger. Hier meldeten sich neu angeworbene Rekruten; auch Reiterbataillone waren hier stationiert. Jahre später brannten französische Soldaten im Siegestaumel fast das gesamte Gebäude nieder. Nachdem es Armenküche und Choleralazarett beherbergt hatte, baute Hesse 1867 das Haus zu einer höheren Töchterschule um. Er stockte die Fassade auf und schuf einen venezianischen Palazzo: Die ehemals freistehenden Attika-Figuren fanden ihren Platz reliefartig vor der Wand, die Gesimslinie wurde über das zweite Obergeschoss geschoben. In das seit 1975 nur noch zu Verwaltungszwecken genutzte Haus zog nach dreijährigem Umbau 1997 das Kabarett »Obelisk« ein. Mehrere Schulräume wurden dafür zu einem Theatersaal zusammengelegt. Ein weiterer Saal entstand in der hofseitigen modernen Erweiterung.

15 Ensemble Wilhelm-Staab-Straße

Adresse
Wilhelm-Staab-Straße

Baujahr
1771–85, 1957

Bauherr
König Friedrich II.

Architekten
Carl Philipp von Gontard, Andreas Ludwig Krüger, Georg Christian Unger, Carl Rechholtz

Friedrich II. ließ in der heutigen Wilhelm-Staab-Straße zwischen 1771 und 1785 23 Häuser errichten. Seine Architekten schufen ein repräsentatives, räumlich geschlossenes barockes Ensemble. Im II. Weltkrieg fast vollständig zerstört, wurde das barocke Straßenbild unter denkmalpflegerischen Gesichtspunkten bis 1957 wiederhergestellt. Dabei rangen zwei Prinzipien miteinander: Wiederaufbau der Ruinen oder Neubau nach Abriss. Auf der Westseite entstanden neue Gebäude hinter historisierenden Fassaden, die von tiefem Verständnis

des Oberbaurats Carl Rechholtz für den Charakter der Altstadt zeugen. Auf der Ostseite hingegen gelang der Versuch, Historisches zu bewahren und gleichzeitig zeitgemäß zu bauen: Neue Grundrisse wurden hinter die ausgebrannten Fassaden gesetzt. 1957 als »erste Barockstraße der DDR« gefeiert, geriet diese Leistung im Laufe der Jahrzehnte zu Unrecht in Vergessenheit. Sie kann aber heute noch als qualitativ herausragendes Beispiel des deutschen Wiederaufbaus gelten.

PRO POTSDAM

Wie der Name schon sagt: Der Unternehmensverbund arbeitet für Potsdam in allen Prozessen der Sanierung, Entwicklung, Verwaltung und Vermarktung von städtischen Gebäuden und Immobilien. Unter dem Dach von PRO POTSDAM GmbH sind daher alle Unternehmen der Wohnungswirtschaft, Immobilienwirtschaft und Stadtentwicklung mit städtischer Beteiligung tätig:

- GEWOBA Wohnungsverwaltungsgesellschaft Potsdam mbH
- Entwicklungsträger Bornstedter Feld GmbH
- Sanierungsträger Potsdam – Gesellschaft der behutsamen Stadterneuerung mbH
- POLO Beteiligungsgesellschaft mbH
- Betriebs- und Veranstaltungsgesellschaft in der Landeshauptstadt Potsdam mbH
- Terraingesellschaft Neu-Babelsberg AG i.L.

PRO POTSDAM bildet seit dem 1. Januar 2006 den Rahmen für diese Unternehmen, die Potsdam immer attraktiver und lebenswerter machen wollen. PRO POTSDAM ist sowohl Dienstleister für Einzelunternehmen als auch ein koordinierender Ansprechpartner für Investoren. PRO POTSDAM bündelt die Kompetenzen für Sanierung, Gebietsentwicklung und Wohnen. Die Dachgesellschaft entlastet die Einzelunternehmen u.a. in den Bereichen EDV, Rechnungswesen und Controlling. Mit PRO POTSDAM ist ein städtischer Dienstleister entstanden, der das Bestehende pflegen und Neues entwickeln kann. Einer, der aus einer Hand baut, saniert und vermarktet.

Wenn Sie neben jährlich 300 000 weiteren Besuchern den Volkspark Potsdam als Erholungssuchender, Freizeitsportler, Konzertliebhaber oder Blumenfreund aufsuchen, können Sie dort die Arbeit von PRO POTSDAM, dem Betreiber, hautnah erleben.

www.propotsdam.de

Sanierungsträger Potsdam

Der Sanierungsträger Potsdam wurde 1991 unmittelbar nach der politischen Wende und dem Ende der DDR gegründet. Mit den Erfahrungen der bundesdeutschen Altbausanierung und den Instrumenten der behutsamen Kreuzberger Stadterneuerung wurde mit viel Enthusiasmus der Abbau des enormen Sanierungsstaus und Verfalls in Angriff genommen. Die Aufgaben des Sanierungsträgers waren und sind dabei sehr anspruchsvoll und vielgestaltig.

Aufgaben sind:
- Formulierung von Sanierungs- und Entwicklungssatzungen
- städtebauliche Untersuchungen und Planungen
- Durchführung von Wettbewerben für besondere Vorhaben
- Entwurf städtebaulicher Stellungnahmen zu Bauanträgen und Grundstücksverkäufen
- Beratung von Eigentümern und Mietern
- Durchführung modellhafter Erneuerungen als Bauherr und/oder Architekt
- Steuerung des Fördermitteleinsatzes
- Öffentlichkeitsarbeit

Mehrheitsgesellschafter des Sanierungsträgers ist die PRO POTSDAM GmbH. Weitere Anteile halten die Mittelbrandenburgische Sparkasse und die evangelische Landeskirche Berlin/Brandenburg.

Der Sanierungsträger Potsdam ist der Partner für Eigentümer und Investoren in den innerstädtischen Sanierungsgebieten. Er ist Träger wichtiger kommunaler Investitions- und Entwicklungsvorhabe und als solcher Partner der Stadtverwaltung, der Fördermittelgeber und der Bauunternehmen.

Der Sanierungsträger Potsdam ist ein Unternehmen des Unternehmensverbundes PRO POTSDAM.

www.sanierungstraeger-potsdam.de

16 Nikolaisaal

Adresse
Wilhelm-Staab-Straße 10–11

Baujahr
1777, 1997–2000

Bauherr
**Stadt Potsdam
(Kirchengemeinde St. Nikolai)**

Architekten
**Rudy Ricciotti, Richard Hetzner,
Hans Dustmann**

Georg Christian Unger plante 1777 das heutige Vorderhaus des Musiksaal-Ensembles. Erst 1904 erwarb die Nikolaigemeinde den Gebäudekomplex und nutzte ihn bis zu ihrem Umzug 1981 in die wiederaufgebaute und sanierte Nikolaikirche als Gemeindehaus und für Pfarrwohnungen. Einen international ausgeschriebenen Wettbewerb (1996) gewann der französische Architekt Rudy Ricciotti, der eine faszinierende Abfolge der Räume entwickelte. Zunächst betreten die Besucher das barocke Vorderhaus und den gründerzeitlichen Hof, um danach das in den Formen der 1930er Jahre restaurierte Foyer zu passieren und schließlich durch eine wie ein Musikinstrument anmutende geschwungene Holzwand in den neuen Konzertsaal hinabzusteigen. Außen ist der Neubau mit groben Faserzementplatten verkleidet und mit vorpatiniertem Kupfer eingedeckt.

17 Neuer Markt

Adresse
Neuer Markt

Baujahr
seit Ende des 17. Jahrhunderts

Noch im Mittelalter verlief hier quer über den Platz die westliche Stadtgrenze. Bis dahin zum Aus- und Umspannen von Pferden genutzt, erhielt der Platz Kontur, nachdem das Stadtschloss 1671 fertiggestellt worden war: Zunächst entstand der kurfürstliche Kutschpferdestall, und Anfang des 18. Jahrhunderts folgte die vollständige Umbauung. Die heutige Anlage geht auf Entwürfe von Georg Wenzeslaus von Knobelsdorff zurück, der den Neuen Markt so konzipierte, dass sich dem Betrachter aus allen Richtungen wirkungsvolle Räume und faszinierende Blicke eröffnen. Das repräsentative Ensemble fand 1836 mit der in strenger klassizistischer Tempelform errichteten Ratswaage auf der Mitte des Platzes seinen baulichen Abschluss. Heute haben zahlreiche kulturelle und wissenschaftliche Institutionen ihren Sitz am Neuen Markt, der zu den besterhaltenen Barockplätzen Europas zählt.

18 Haus der Brandenburgisch-Preußischen Geschichte

Adresse
Am Neuen Markt 9

Baujahr
1787–90, 2000–02

Bauherr
König Friedrich Wilhelm II.

Architekten
**Andreas Ludwig Krüger,
gibbins european architects (Sanierung)**

In der Nähe des späteren Stadtschlosses, am Neuen Markt, ließ der Große Kurfürst Friedrich Wilhelm 1671 seinen ersten Pferdestall errichten. Andreas Ludwig Krüger baute ihn bis 1790 zu einem Kutschstall um, in dem einhundert Pferde Platz hatten und alle Pfleger, Stallburschen und Vorreiter wohnten. Seine langgestreckte Fassade ist von Pilastern gegliedert und beherrscht den Neuen Markt bis heute. Das Portal wird von toskanischen Säulen getragen und von einer Quadriga bekrönt. Die Attika der Gebäuderisalite verzierten die Brüder Johann Christoph und Michael Christoph Wohler mit sehr lebhaft wirkenden Reitergruppen. Erstmals in Preußens Baugeschichte wurde beim Figurenschmuck auf monarchische Symbolik und die Darstellung des Königs verzichtet. Seiner Funktion entsprechend zeigt er vielmehr Stallburschen bei der Arbeit. Das Vorbild des Kutschers soll Johann Georg Pfund, der Leibkutscher Friedrichs II., gewesen sein.

Bis 1918 als Teil der Hofhaltung des Potsdamer Stadtschlosses genutzt, wurde das Areal danach als Obst- und Gemüsemarkt und als Autowerkstatt zweckentfremdet. 1997 erwarb das Land Brandenburg die Liegenschaft und etablierte dort das Haus der Brandenburgisch-Preußischen Geschichte. Die Sanierung und den Umbau zum Museum realisierte das Potsdamer Büro gibbins european architects von 2000 bis 2002. Die auf der Hofseite neu hinzugefügte leichte Stahlkonstruktion bildet nun den Eingang zum Museum. Durch die Sanierung konnten Teile der spätbarocken Dachkonstruktion sichtbar gemacht werden. Im dreischiffigen überwölbten Stall finden heute Wechselausstellungen zur Landesgeschichte statt, und seit 2003 beherbergt das frühklassizistische Gebäude außerdem die Dauerausstellung »Land und Leute. Geschichten aus Brandenburg-Preußen«.

19 Wohn- und Geschäftshaus

Adresse
Am Neuen Markt 10

Baujahr
1752

Architekten
**Johann Boumann,
Nicola Fortmann-Drühe (Sanierung)**

Nach Entwürfen Knobelsdorffs wurde ein winkelförmiger Block von fünf Gebäuden ausgeführt, darunter das Haus Nr. 10. Dieses dreigeschossige Eckgebäude, das sich zum Platz hin orientiert, zeigt den typischen Grundriss der Epoche: An einem Mittelflur gliedern sich beidseitig Wohnungen und Wohnräume an. Das bürgerliche Wohnhaus enthält seit dem 18. Jahrhundert im Erdgeschoss ein Gasthaus. An das Gebäude schließt ein zweigeschossiger Seitenflügel mit separatem Treppenhaus an. Die einfach gestaltete Fassade zeigt den Hauseingang in der Mittelachse; oberhalb des Traufgesimses ist eine Balustrade mit bekrönenden Vasen. Über dem nördlichen Eckfenster der ersten Etage verweist eine Kartusche mit den Initialen FDR auf den ehemaligen Besitzer Friedrich David Regeler und dessen Beruf des Glasschleifers. Das Gebäude wurde 1996 umfassend saniert und wird heute durch ein Restaurant, Büros und eine Wohnung genutzt.

20 Wohn- und Geschäftshaus

Adresse
Am Neuen Markt 5

Baujahr
1755, 2002

Architekten
**Johann Gottfried Büring,
Nicola Fortmann-Drühe (Neubau)**

Das 1755 von Büring in Anlehnung an den italienischen Palazzo Thiene in Vicenza von Andrea Palladio errichtete repräsentative Gebäude am Neuen Markt wurde im II. Weltkrieg völlig zerstört. Aus einem in den 1990er Jahren ausgeschriebenen Wettbewerb zum Wiederaufbau in historischen Dimensionen ging der Entwurf der Architektin Fortmann-Drühe als Sieger hervor. Die neue Fassade zitiert vereinfachend deren historische Gestalt und nimmt Rücksicht auf die geschlossene Bebauung des Platzes. Dass es sich um ein modernes Wohn- und Geschäftshaus handelt, ist erst auf den zweiten Blick zu erkennen. Die Architektin schuf damit einen für Potsdam beispielhaften Umgang mit verlorener Architektur in historischem Kontext. Die rückwärtige Fassade wird durch einläufige offene Treppen gegliedert, welche die fünf Maisonettes, analog der fünf Achsen des Gebäudes, erschließen.

21 Kabinetthaus (ehemaliges Kronprinzenpalais)

Adresse
Am Neuen Markt 1

Baujahr
1753, 1999–2002

Bauherr
Familie Krumbholz

Architekt
vermutlich Friedrich Wilhelm Diterichs

Das Kabinetthaus am Neuen Markt hatte Friedrich II. 1753 für den Landprediger Krumbholz errichten lassen, doch schon zehn Jahre später wurde der von Friedrich Wilhelm Diterichs entworfene Barockbau zur Stadtresidenz des Kronprinzen Friedrich Wilhelm II. umgebaut. Das Eckgebäude und die gegenüberliegenden Knobelsdorffschen Häuser gaben dem von der Schlossstraße kommenden Weg zum Neuen Markt seine architektonische Fassung. Die symmetrische Fassade des zweieinhalbgeschossigen Putzbaus wird in der Mitte von einem Rundbogenfenster mit Oberlicht und einem von Hermenpilastern getragenen Balkon betont. Seit der Sanierung 2002 erstrahlen das Gebäude und das aus dem Jahr 1764 stammende geschwungene Treppenhaus mit seiner Wendeltreppe auf ovalem Grundriss wieder in ursprünglicher Schönheit.

22 »Acht-Ecken-Haus«

Adresse
Friedrich-Ebert-Straße 122

Baujahr
1771–74

Architekt
Georg Christian Unger

Das »Acht-Ecken-Haus« ist das letzte noch bestehende von einst vier ähnlich gestalteten Gebäuden an der heutigen Kreuzung Friedrich-Ebert-Straße / Schwerdtfegerstraße. Der Architekt Georg Christian Unger entwarf 1771 das Ensemble für den italienischen Kaufmann Boseri, den Glasschleifer Brockes, den Schwertfeger Zeunert und den Zimmermann Brendel. Er bog die zur Kreuzung zeigenden Ecken nischenartig konkav ein und schuf so eine platzartige Situation. In den Ecknischen der Beletagen saßen Balkone mit aufwendig geschmiedeten Gittern. Mit ihren nunmehr ungewöhnlichen acht Ecken bildeten die vier Häuser ein Glanzstück der Rokoko-Stadtbaukunst in Potsdam. Drei der vier Eckhäuser sind im II. Weltkrieg vollständig zerstört worden. Das einzig verschonte wurde bis 1956 rekonstruiert.

23 Industrie- und Handelskammer

Adresse
Breite Straße 2a – c

Baujahr
1998 – 2002

Bauherr
IHK Industrie- und Handelskammer Potsdam

Architekt
Dietrich Bangert

Den neuen Bau der Industrie- und Handelskammer Potsdam entwarf der Architekt Dietrich Bangert unter Berücksichtigung der historischen Bebauungsstruktur. Der moderne, 2002 übergebene Funktionsbau schließt die Baulücke zwischen Lustgarten und Hoffbauerstraße. Trotz seiner gewaltigen Größe fügt sich das Gebäude durch die abgeschrägten Dächer und die gegeneinander versetzten Fenster mit unterschiedlichen Abmessungen in die kleinteilige Struktur der Altstadt ein. Ein gewaltiger, mittig platzierter Zylinder markiert den zentralen Versammlungssaal, der durch eine großzügige Glasfassade natürlich beleuchtet wird. Eher verschlossen hingegen zeigt sich der Bau zur Breiten Straße hin. Im sehenswerten Foyer setzen große Kreisdurchbrüche und breite Treppen mit spannungsvoll inszenierten Fahrstühlen Akzente.

24 Knobelsdorffhäuser

Adresse
Schlossstraße 13 – 14

Baujahr
1748

Bauherr
König Friedrich II.

Architekt
Georg Wenzeslaus von Knobelsdorff

Die beiden Bürgerhäuser am westlichen Rand des Lustgartens bilden einen torartigen Eingang zur ehemaligen Prachtstraße Potsdams. Friedrich II. wollte sie von den barocken Typenbauten seines Vaters absetzen und Potsdam mehr Glanz verleihen. Georg Wenzeslaus von Knobelsdorff entwarf sie 1748 als Pendantbauten und richtete ihre Hauptfassaden zum Lustgarten aus. Die sieben- und neunachsigen Putzbauten repräsentieren die erste Phase des friderizianischen Rokoko. Während der Rekonstruktion 1980–83 wurden die Fassaden saniert, die dahinterliegenden Grundrisse der beiden Häuser allerdings gemäß ihrer neuen Funktion verändert. In die Schlossstraße Nr. 13 zog ein Jugendklub, der auch heute noch dort zu finden ist. Der Klub der Künstler und Architekten im Haus Nr. 14 ist dagegen inzwischen einem Spielkasino gewichen.

25 Marstall (Filmmuseum)

Adresse
Schlossstraße 15

Baujahr
1685, 1746

Bauherren
Kurfürst Friedrich Wilhelm, König Friedrich Wilhelm I., König Friedrich II.

Architekten
Johann Arnold Nering, Georg Wenzeslaus von Knobelsdorff

Die von Johann Arnold Nering 1685 als Nebengebäude des Schlosses erbaute Orangerie wurde schon 1714 zur Unterbringung der königlichen Pferde genutzt. Georg Wenzeslaus von Knobelsdorff erweiterte den Marstall 1746 um zwölf Achsen nach Westen und gab ihm seine heutige, langgestreckte Form. Friedrich Christian Glume bekrönte die Eingänge mit bewegten Pferde- und Reitergruppen. Bis 1922 als Pferdestall dienend, beherbergte das Haus später ein Garnisonsmuseum. Nach dem Krieg provisorisch instandgesetzt, zog zunächst das Städtische Museum, nach der Sanierung durch die polnische Staatliche Denkmalpflege 1980 das Filmmuseum ein. Die Ausstellungsräume wurden 1993 gemäß internationalem Standard ausgebaut, und das neugestaltete Filmcafé avancierte zum kulturellen Treffpunkt im ältesten Baudenkmal der Stadt.

26 Neuer Lustgarten

Adresse
Breite Straße

Baujahr
1998–2001

Architekt
Dietz-Joppien Architekten AG u.a.

Als schachbrettartiger Barockgarten zwischen Schloss und Havel 1661 angelegt, erfuhr der älteste Garten Potsdams immer wieder gravierende Umgestaltungen. Im Zuge des Schlossumbaus 1740 fassten zwei zusätzliche Kolonnadenreihen den Gartenbereich ein. Nach Plänen von Peter Joseph Lenné fügte man 1829 dem Hauptschmuck des Lustgartens, dem Neptun-Bassin, eine Umpflanzung mit Pyramidenpappeln hinzu. Mit dem Abriss des Stadtschlosses 1960 wurden auch wesentliche Teile des Lustgartens beseitigt und aus den Trümmern des Schlosses ein Stadion errichtet. Erst mit der Bundesgartenschau 2001 begann eine Umgestaltung des gesamten Areals, die sich an historischen Grundrissen orientiert. Inzwischen gliedern Baumalleen und Hecken den Neuen Lustgarten, und auch das Neptun-Bassin ist wieder mit Wasser gefüllt.

27 Hotel »Mercure«

Adresse
Lange Brücke

Baujahr
1967–69

Bauherr
Vereinigung Interhotel

Architekten
Kollektiv Sepp Weber

Das Interhotel »Potsdam« war, als es 1969 an der Langen Brücke eröffnet wurde, ein Prestigeobjekt der DDR-Tourismusindustrie. Unter Leitung von Sepp Weber hatte ein Architektenkollektiv einen dominanten Solitärbau entworfen, der das sozialistische Stadtzentrum Potsdams betonen sollte. Es war eines der ersten Hochhäuser in der Potsdamer Innenstadt. Das sechzehngeschossige Hochhaus in Fünf-Megapond-Plattenbauweise war für 400 Gäste ausgelegt und im Erdgeschoss mit einem Restaurant und einem großzügigen Foyer ausgestattet. Nach der deutschen Wiedervereinigung baute die Hotelkette »Mercure« das Haus zum Hotel und Tagungszentrum mit 15 Tagungsräumen, zwei Suiten und 210 Zimmern um. Im Rahmen der BUGA 2001 entstand außerdem ein neuer Hafenbereich, in den das Sockelgeschoss des Hotels einbezogen wurde.

28 Anlegestelle Weiße Flotte

Adresse
Lange Brücke 6

Baujahr
1998–2001

Architekt
Dietz-Joppien Architekten AG

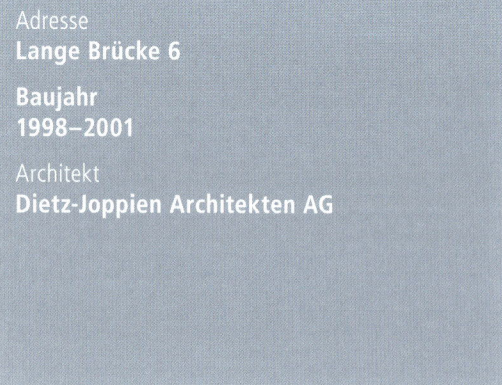

Mit dem Bau des Interhotels wurde der Schiffsanleger der Fahrgastschifffahrtsgesellschaft »Weiße Flotte« 1969/70 vom Schifffahrtskanal an den heutigen Standort verlegt. Im Rahmen der Bundesgartenschau und der gestalterischen Qualifizierung der Potsdamer »Orte am Fluss« entstand ein erweiterter Hafenbereich mit Gastronomie, Ticketverkauf und Stadtinformation, der das Sockelgeschoss des Hotels einbezieht. Ergänzt wurde die Anlegestelle durch einen behindertengerechten Zugang über einen Aufzug an der Langen Brücke. Das Areal bildet das Entree zum Lustgarten und leitet damit die wieder entstehende historische Mitte Potsdams ein. Im Zusammenhang mit der Neugestaltung hat man auch das Neptun-Bassin wieder freigelegt, das 1701 als Hafen für königliche Schiffe angelegt und 1750 von der Havel getrennt wurde.

29 Platz der Einheit

Adresse
Platz der Einheit

Baujahr
**1897–1900 (Hauptpost),
1997 (Wilhelmgalerie),
2001 (Platz der Einheit)**

Architekten
**Hacker (Hauptpost),
KSV-Krüger, Schuberth, Vandreike
(Wilhelmgalerie),
Wehberg, Kaschke (Platz der Einheit)**

Altstadt und I. Barocke Stadterweiterung

1724 wurde der Faule See im Zuge der I. Stadterweiterung zugeschüttet. Um die Wege zu befestigen, ließ Friedrich Wilhelm I. die Kutschen der Stadt nach dem sonntäglichen Gottesdienst um den neu entstandenen Platz fahren. Nachdem er mit dem Schutt der abgebrannten Nikolaikirche 1831 nochmals aufgeschüttet wurde, gestaltete ihn Peter Joseph Lenné 1862 neu: Er fasste den Platz mit einer doppelten Baumreihe und legte zwei diagonale, sich kreuzende Hauptwege an. 1998 wurde im Zuge der BUGA der Platz der Einheit nach einem Entwurf Hinnerk Wehbergs, der eine zeitgemäße Interpretation der Lennéschen Gestaltung verfolgt, neugestaltet. Die Wege sind wiederhergestellt und gegenüber den Rasenflächen leicht abgesenkt. Hinzugekommen sind flankierende, zum Verweilen einladende Sitzstufen am Wegesrand.

Kaiser Wilhelm II. persönlich weihte 1900 das neue **Hauptpostamt** am östlichen Rand des damaligen Wilhelmplatzes ein. Der Neobarockbau wird durch Eckrisalite gegliedert, seine Hauptfront dominiert ein übergiebelter Mittelrisalit. Die charakteristischen Kuppeln über den Risaliten wurden schon 1936 wieder entfernt. Direkt neben der Post stand die Potsdamer Synagoge, die im Novemberpogrom 1938 geschändet und in den Jahren darauf zerstört wurde. Heute erinnert nur noch eine Tafel an die Synagoge und die »Kristallnacht« in Potsdam.

1997/98 wurde an der Platznordseite die **Wilhelmgalerie** an der Stelle des Schuhkaufhauses von 1974 errichtet. Die Fassade des von einer kreuzförmigen Halle durchzogenen Büro- und Geschäftshauses mit überdachtem Atrium ist mit Naturstein verkleidet. In der strengen Geometrie der Fensterachsen und der Übereinanderlagerung von Schichten will sie an die Architektur Schinkels erinnern.

30 Ensemble Fachhochschule Potsdam und Landesbibliothek

Adresse
Am Kanal 47

Baujahr
1971–77

Architekten
Sepp Weber & Wolfgang Merz

Im Rahmen des sozialistischen Wiederaufbaus des Stadtzentrums wurde zwischen 1970 und 1978 auch das Brachland westlich der Nikolaikirche bebaut. In den stark gegliederten, aus vier Gebäudeteilen bestehenden Stahlbetonskelettbau zog das neue Institut für Lehrerbildung ein. Außerdem wurde vom federführenden Planungskollektiv Sepp Weber ein sechsgeschossiges Atriumhaus, das Bibliotheksgebäude, in das Ensemble integriert. Heute nutzen die Fachhochschule Potsdam und die Stadtbibliothek die Räume. Charakteristisch für die Fassaden der Baukörper sind plastische Betonelemente. Den östlichen Abschluss des Komplexes bildet ein siebengeschossiges Wohnhochhaus. Mit dem »Staudenhof« wurden im rückwärtigen Bereich öffentliche Grünanlagen angelegt.

31 Ensemble Alter Markt

Adresse
Alter Markt

Bereits um 1200 stand auf dem ältesten Platz Potsdams eine Burganlage. 1662 begann der Bau eines vierflügligen Schlosses, das 1701 durch das Fortunaportal ergänzt wurde. Friedrich II. ließ das Schloss zwischen 1744 und 1752 nach den Plänen Knobelsdorffs umbauen und die Gebäudefronten am Platz nach italienischen Renaissance- und Barockvorbildern umgestalten, so das Alte Rathaus und die Nikolaikirche. 1945 wurden viele Gebäude zerstört, das Stadtschloss trotz zahlreicher Proteste 1960 abgerissen. Aus den Wettbewerben zum Bau einer sozialistischen Großstadt sind der Komplex der Fachhochschule und das heutige Hotel »Mercure« realisiert worden. Künftig soll die historische Mitte Potsdams durch den Bau eines neuen Landtages in den Abmaßen des Stadtschlosses rekonstruiert werden. Die Platzfläche wurde 2005 auf das historische Niveau abgesenkt und neu gepflastert.

32 Nikolaikirche

Adresse
Alter Markt

Baujahr
1830–37 (Kirche), 1841–49 (Kuppel)

Bauherr
Kirchengemeinde St. Nikolai

Architekten
Karl Friedrich Schinkel, Ludwig Persius, Friedrich August Stüler

Ihre Kuppel sollte die Stadtsilhouette beherrschen und Potsdam zu einem »Romblick« verhelfen. Heute zählt die Nikolaikirche auf der Nordseite des Alten Marktes zu den bedeutendsten Bauten des Klassizismus. Ihre Entwürfe musste Karl Friedrich Schinkel mit seinem Bauherrn Friedrich Wilhelm III. lange diskutieren. Ludwig Persius schließlich baute nach Schinkels Entwürfen bis 1837 einen Zentralbau mit Satteldach und Portikus. Erst nach dem Tod des Königs und nunmehr unter Friedrich Wilhelm IV. konnte die von Schinkel nach dem Vorbild der Londoner St. Paul's Cathedral geplante Kuppel 1843 durch Friedrich August Stüler aufgesetzt werden, musste jedoch aus statischen Gründen an den Ecken von vier Glockentürmen gestützt werden. Nach dem II. Weltkrieg wurden schrittweise die Bombenschäden beseitigt; 1981 fand die feierliche Wiedereinweihung der Kirche statt.

33 Obelisk

Adresse
Alter Markt

Baujahr
1753–55

Bauherr
König Friedrich II.

Architekt
Georg Wenzeslaus von Knobelsdorff

Der 1755 im Auftrag Friedrich II. zwischen Stadtschloss, Rathaus und Nikolaikirche errichtete Obelisk kennzeichnete einst die Mitte Potsdams. Georg Wenzeslaus von Knobelsdorff entwarf ihn im friderizianischen Rokoko nach italienischem Vorbild. Damals trug der 16 Meter hohe Schaft vier Medaillons mit Vertretern des Hauses Hohenzollern: Kurfürst Friedrich Wilhelm und die preußischen Könige Friedrich I., Friedrich Wilhelm II. und Friedrich II. Wegen Baufälligkeit 1969 bis auf den Sockel abgetragen, baute die DDR anschließend den Obelisken mit rotem sowjetischen und weißem jugoslawischen Marmor wieder auf. Dabei wurden die Könige durch die vier wichtigsten Potsdamer Baumeister Knobelsdorff, Gontard, Schinkel und Persius ersetzt. Mit seinem außergewöhnlichen Wandel vom Herrscher- zum Architektendenkmal ist der Obelisk heute einzigartig in Deutschland.

34 Fortunaportal

Adresse
Alter Markt

Baujahr
1701, 2000–02

Bauherr
König Friedrich I.

Architekten
**Jean de Bodt,
Christian Wendland (Wiederaufbau)**

Jean de Bodt entwarf das Fortunaportal als nördlichen Eingang in den Hofbereich des Stadtschlosses. Es wurde 1701 zu Ehren der Königskrönung Friedrich I. errichtet. Der barocke Prunkbau trägt die Königsinsignien und wird von einer goldenen Fortunafigur bekrönt, die für die neue Herrschaft ewiges Glück beschwören sollte. Ohne das Portal zu verändern, baute Knobelsdorff das Stadtschloss unter Friedrich II. um, der das neue Ensemble als eine »der edelsten Architekturen Europas« bezeichnete. Am 14.

April 1945 fiel das Portal einem Bombenangriff zum Opfer; seine Reste wurden mit der Ruine des Schlosses 1960/61 gesprengt und abgetragen. Erst 1999 beschlossen die Potsdamer Stadtverordneten die »Neuschöpfung«. Auf der Basis privatwirtschaftlicher Initiativen und Spenden wurde es originalgetreu auf den historischen Fundamenten wiedererrichtet und anläßlich des 300jährigen Jubiläums der Selbstkrönung Friedrich I. eingeweiht. Die Rekonstruktion von acht großen Skulpturengruppen auf den Podesten ist noch im Gange.

35 Altes Rathaus

Adresse
Am Alten Markt

Baujahr
1753–55, 1966

Bauherr
König Friedrich II.

Architekten
**Jan Boumann d. Ä.,
Carl Ludwig Hildebrandt,
Horst Görl**

Im Zuge der Umgestaltung des Alten Marktes zu einem repräsentativen Platz nach italienischem Vorbild wählte Friedrich II. für das Potsdamer Rathaus einen nicht realisierten Fassadenentwurf Andrea Palladios für einen Palazzo in Vicenca aus. 1755 errichtete Johann Boumann einen Barockbau, der von korinthischen Dreiviertelsäulen gegliedert ist und dessen überkuppelten Mittelturm ein vergoldeter Atlas ziert. Letzterer stürzte aufgrund seines

Gewichtes wenige Jahre später ab und wurde durch eine aus Kupfer getriebene Figur ersetzt. Sandsteinfiguren, welche die Bürgertugenden symbolisieren, schmücken die wuchtige Attika. 1966 wurde das 1945 ausgebrannte Gebäude unter Rekonstruktion der Fassade und Einbeziehung des benachbarten Knobelsdorffhauses als Kulturhaus wiederaufgebaut und das vollständig zerstörte Windelbandsche Haus durch einen modernen Neubau ersetzt.

36 Wohnanlage Burgstraße

Adresse
Burgstraße 1–6

Baujahr
1962–63

Architekten
**Kollektiv Hans-Jürgen Kluge /
Hermann Poetzsch**

In dem seit 1961 entstandenen Zentrum Süd, in dessen Planung Erfahrungen des zweiten Bauabschnittes der Berliner Karl-Marx-Allee einflossen, wurden der historische Stadtgrundriss und die Straßenführung ohne Vorliegen einer komplexen Neugestaltungskonzeption verändert. Die fünf- bis achtgeschossige Wohnbebauung orientiert sich zur Havel hin. Die siebengeschossigen Häuser mit jeweils 68 Wohnungen verfügen teilweise über eine Laubengangerschließung und im aufgesetzten Dachgeschoss über Werkstatträume, Ateliers und Gemeinschaftsräume für die Bewohner. Andere Häuser in der Straße Am Kanal weisen eine vorgelagerte Ladenzone auf. Die Grundrisse der Wohnungen veränderten sich im Zuge der Sanierung im Jahr 2004, als Dachgeschosse ausgebaut, Wohnungen zusammengelegt und Fahrstühle eingebaut wurden.

37 Wohnanlage »Französisches Quartier«

Adresse
Französische Straße

Baujahr
2003–05

Bauherr
**Potsdamer Wohnungsgenossenschaft
1956 eG**

Architekt
Hans Heynig (agn Niederberghaus Potsdam)

Das 1720 erbaute, traditionsreiche Französische Quartier wurde 1945 fast vollständig zerstört und lag danach viele Jahre brach. Die Wiederbebauung des Geländes bis zum Jahr 2005 war das größte innerstädtische Wohnungsbauvorhaben Potsdams. Viergeschossige Wohngebäude mit begrünten Innenhöfen, geschosshohen Fenstern und verglasten Treppenhäusern schaffen eine Atmosphäre von Transparenz und Offenheit. Herausragendes Gestaltungselement sind die durch den stimmigen Wechsel zwischen hellen und ockerfarbenen Putzflächen und den grau abgesetzten Brüstungsbändern klar strukturierten Fassaden. Das durch Metallverkleidung abgesetzte obere Geschoss setzt einen besonderen Akzent und verleiht den Häusern eine lebendige Struktur. Im intensiven Dialog mit den Mietern entstanden 147 zum Teil altengerechte und barrierefreie Wohnungen.

38 Schauspielerkaserne

Adresse
Posthofstraße 17

Baujahr
1796

Bauherr
König Friedrich Wilhelm II.

Architekt
Michael Philipp Daniel Bouman

Um seine Bürgernähe auszudrücken, schenkte Friedrich Wilhelm II. den Potsdamern 1796 ein neues Schauspielhaus. Für das künstlerische Personal baute Boumann die sogenannte Schauspielerkaserne. Der dreigeschossige, stattliche Putzbau wird durch eine Flachbogennische in der Gebäudemitte risalitartig akzentuiert. Das Bogenrelief »Apoll mit den Musen« führten Johann Christoph und Michael Christoph Wohler nach Entwürfen von Johann Gottfried Schadow aus. Ein Relief des gleichen Themas von der Front des 1966 abgetragenen Schauspielhauses ziert heute das Palais unter den Linden in Berlin. Die Schauspielerkaserne gehört zu den wenigen erhaltenen stadtbildprägenden klassizistischen Gebäuden Potsdams.

39 Wohnhäuser

Adresse
Am Kanal 5–6

Baujahr
Anfang 1950er Jahre

Bauherr
Stadt Potsdam

Architekt
Stadtarchitekt Schulz

Anfang der 1950er Jahre achtete man bei der Lückenschließung in der Straße Am Kanal noch auf die historisch entstandene Stadtstruktur. Nur wenige Jahre später sollte diese Politik der Bewahrung zugunsten der Schaffung von dringend benötigtem Wohnraum und des industriellen Wohnungsbaus auch in Potsdam aufgegeben werden. Der hier vorgestellte Neubau fügt sich dagegen noch in die vorhandene Bebauung ein. Hinter der Fassade des Wohnblocks befinden sich scheinbar mehrere Einzelhäuser. Der dreigeschossige, fünfzügige Wohnblock mit ausgebautem Dachgeschoss wird ferner durch hervortretenden Dachausbauten über den Eingängen gegliedert. In Anlehnung an die Bautradition der 1. Hälfte des 18. Jahrhunderts wird hier das in der Bebauung der barocken Stadterweiterungen Potsdam verbreitete Motiv der Giebelstuben aufgegriffen.

40 Wohnhaus

Adresse
Am Kanal 4, 4a

Baujahr
1724

Architekt
Pierre de Gayette

An der Nahtstelle zwischen Alt- und Neustadt verläuft die Straße am Kanal, die an eine holländische Gracht erinnert. Bis 1737 säumten die Ufer des Kanals meist zweigeschossige Typenhäuser mit hohen Sockeln (wegen des Grundwassers), vorgelagerten Treppenanlagen und Mansarddächern für wohlhabende Kaufleute und Beamte. Putzlisenen und die doppelläufige Treppenanlage mit barockem Gitter heben die Fassade hervor. Dazwischen lagen einfach gehaltene Gebäude für die Einquartierung von Soldaten. Das Wohnhaus Am Kanal 4 mit der benachbarten Kaserne gehört zu den letzten noch erhaltenen Typenhäusern der I. Stadterweiterung, auch wenn es 1737 und 1777 architektonisch verändert wurde.

41 Kindertagesstätte der Deutschen Post

Adresse
Am Kanal 66–68

Baujahr
1954, 1978

Bauherr
Deutsche Post

Architekten
W. Höll, Wolfram Thiemicke

Das Gebäude wurde 1954 als Kinderkrippe und Kindertagesstätte der Deutschen Post errichtet und fiel damit in die Phase des kleinteiligen Wiederaufbaus der Potsdamer Innenstadt nach der Zerstörung im II. Weltkrieg. Der zweigeschossige, traditionelle Ziegelbau mit Steildach ist dafür ein gelungenes Beispiel. Zwar knüpft der monolithische Bau nicht erkennbar an Potsdamer Bautraditionen an, doch integriert er sich erfolgreich in die zeitgleich geplante Umgestaltung der Packhofstraße und bietet eine architektonisch anspruchsvolle Lösung für die Ecksituation. 1978 fand eine Erweiterung statt. Heute dient das Gebäude als Wohn- und Geschäftshaus. Im Anbau befindet sich eine Integrationskindertagesstätte des Evangelischen Jugend- und Fürsorgewerkes.

42 Pfarrhaus

Adresse
Burgstraße 32–33

Baujahr
1781

Bauherr
Heilig-Geist-Kirchengemeinde

Architekt
Georg Christian Unger

Die Gemeinde der Heilig-Geist-Kirche baute Ende des 18. Jahrhunderts in direkter Nachbarschaft ihres Gotteshauses Predigerhäuser im Stil des späten Rokoko. Georg Christian Unger entwarf die zweigeschossigen massiven Putzbauten als Doppelhäuser mit zwei getrennten Eingängen sowie Durchfahrten am Ende des Gebäudes. Der bildhauerische Schmuck von Johann Christoph und Michael Christoph Wohler weist mit seiner christlichen Symbolik auf die Bestimmung des Hauses hin: Die Köpfe von Moses und Aaron charakterisieren die Fassade ebenso wie zwei Frauengestalten auf dem Hauptgesims. Ein Buch und einen Kelch in ihren Händen haltend versinnbildlichen sie das Wort und das Sakrament Gottes. Die 1984 vom Institut für Denkmalpflege sanierten Gebäude werden heute von verschiedenen kirchlichen und kulturellen Institutionen und Vereinen genutzt.

43 Wohnhäuser

Adresse
Große Fischerstraße 3–10

Baujahr
ab 1785

Architekten
**Johann Gottlieb Schulze,
Andreas Ludwig Krüger,
Georg Christian Unger**

Der Architekt Johann Gottlieb Schulze sowie Krüger und Unger entwarfen die Häuser der Großen Fischerstraße Nr. 3 bis 10 für die in Potsdam ansässigen Fischer im Stil des späten Barock als zweigeschossige massive Putzbauten: Nr. 3 und 4 mit zehn Achsen, einfachen Fensterfaschen und Brüstungsspiegel; Nr. 5 und 6 mit einer besonderen Hervorhebung der Mittelachsen und Fassaden mit Zopfstilornamentik; Nr. 8 und 9 mit Rundbogenfenstern und -türen. Die Eigentümer erhielten die Fischereigerechtigkeit, das heißt sowohl Käufer als auch Mieter und sogar Erben mussten das Fischereigewerbe betreiben. So blieb die Struktur des Viertels bis Anfang des 20. Jahrhunderts erhalten. Die im II. Weltkrieg zerstörten Bauten Nr. 1, 2 und 5 wurden 1957 durch Häuser in Großblockbauweise ersetzt.

44 Freundschaftsinsel

Adresse
Freundschaftsinsel

Baujahr
ab 1937, 2001

Bauherr
Stadt Potsdam

Architekten
Hermann Mattern, Karl Foerster

Freundschaftsinsel wurde sie schon seit den 1850er Jahren nach einem Gasthaus genannt, erlangte jedoch erst Jahrzehnte später ihre eigentliche Bedeutung, als Karl Foerster 1937 hier seine berühmten Schau- und Lehrgärten anlegte und ein Naherholungsgebiet für die Potsdamer schuf. Der im II. Weltkrieg stark zerstörte Park wurde in den 1950er Jahren wiederhergestellt und zu den Weltfestspielen der Jugend und Studenten 1973

um einen Spielplatz, eine Freilichtbühne, einen Ausstellungspavillon und eine Inselgaststätte ergänzt. Erneut modernisiert wurde die Insel zur Bundesgartenschau 2001. Die Sandsteinpergola, die der Wetterachse folgt, wurde ebenso saniert wie der Pavillon der Torhausanlage. Durch eine neue Brücke zur Altstadt erschließt sich die im Herzen der Stadt gelegene »grüne Lunge« nun wieder auch auf kurzem Weg zu Fuß.

45 Seniorenresidenz »Heilig-Geist-Kirche«

Adresse
Burgstraße 31

Baujahr
1997–98

Bauherr
CEBES GmbH Potsdam

Architekten
Augusto Romano Burelli, Paola Gennaro

1728 ließ Friedrich Wilhelm I. die Heilig-Geist-Kirche errichten: den Turm nach Plänen von Johann Friedrich Grael sowie den langgestreckten Saalbau nach Entwürfen von Pierre de Gayette. 1945 wurde die Kirche schwer beschädigt. Die SED ließ die Ruine 1960 abreißen und 1974 den Turmstumpf sprengen. 1995 lobte die Stadt Potsdam gemeinsam mit der evangelischen Kirche einen Wettbewerb zur Neubebauung des Geländes aus. Die von Burelli und

Gennaro entworfene Seniorenresidenz orientiert sich an den Proportionen des historischen Kirchenschiffs; sogar die Rundung des barocken Turmhelms wird zitiert. Das als Wohnbau genutzte Schiff wird zur Havel hin durch ein U-förmiges Gebäude ergänzt. Der 48 Meter hohe Turm enthält Seniorenappartements, ein Café und eine Aussichtsplattform. Der Neubau ist Potsdams höchstes Bauwerk und stellt partiell die alte Stadtsilhouette wieder her.

II. Barocke Stadterweiterung

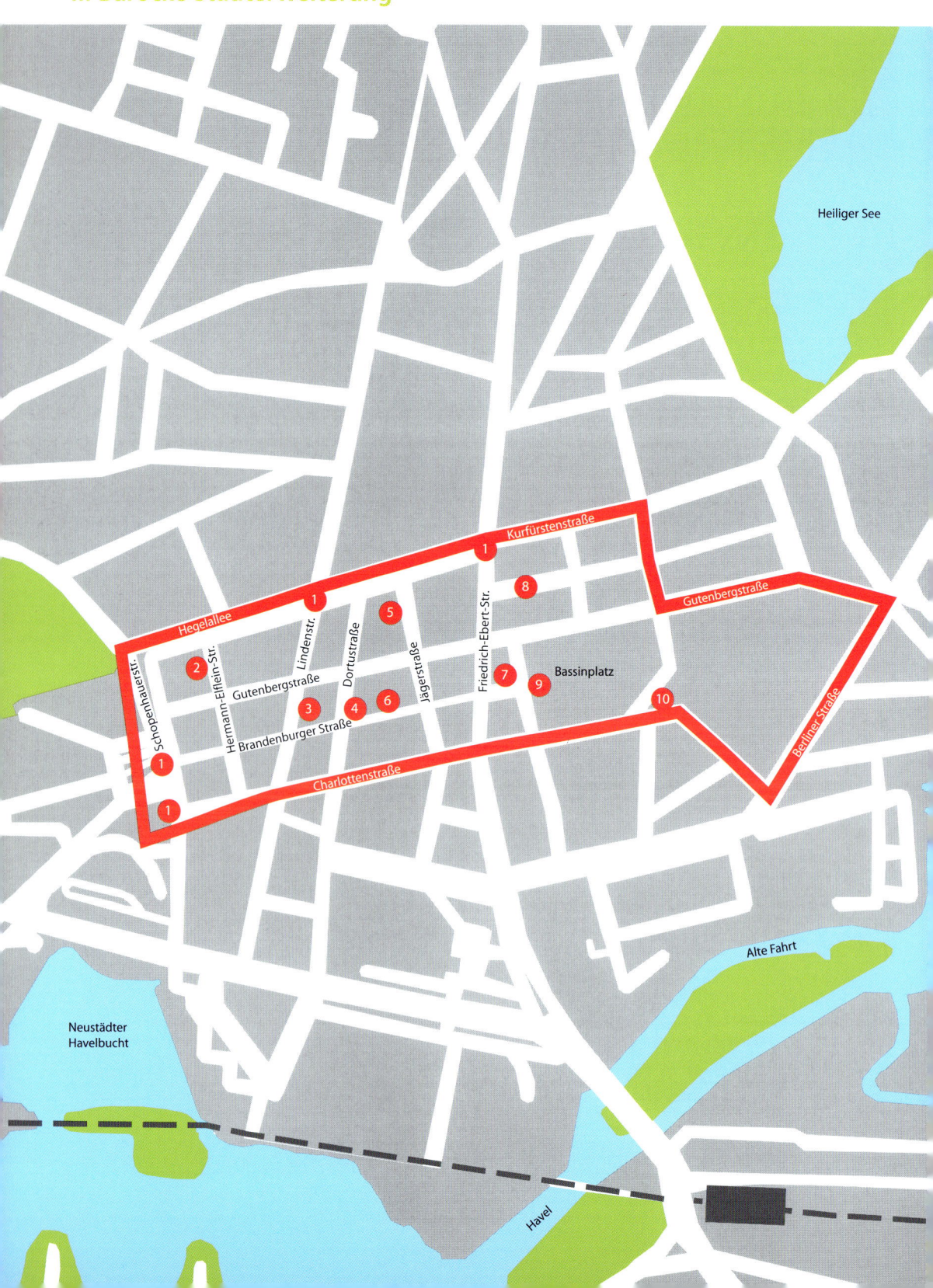

Heiliger See

Kurfürstenstraße

Gutenbergstraße

Hegelallee

Schopenhauerstr.

Hermann-Elflein-Str.

Lindenstr.

Gutenbergstraße

Dortustraße

Brandenburger Straße

Jägerstraße

Friedrich-Ebert-Str.

Bassinplatz

Berliner Straße

Charlottenstraße

Alte Fahrt

Neustädter
Havelbucht

Havel

Die Potsdamer Mitte und deren I. Barocke Stadterweiterung im Rücken, betritt man den unzweifelhaft lebendigsten Teil des Stadtzentrums Potsdams und das Juwel Potsdamer Bürgerarchitektur, die **II. Barocke Stadterweiterung**. Ab 1733 wurde die Stadt planmäßig in Richtung Norden erweitert, um wiederum mehr Soldaten in Bürgerhäuser einquartieren zu können. Die rechteckigen oder durch die vorhandenen Alleen auch trapezförmig geschnittenen Häuserblöcke liegen zwischen Charlottenstraße und Hegelallee.

Die Gebäude selbst sind gemeinhin zweigeschossige und fünfachsige Typenbauten, die zunächst in Fachwerk und später in massiver Bauweise entstehen. Charakteristisch für den von den Ingenieurkapitänen Andreas Berger und Pierre de Gayette entwickelten Haustyp sind eine mittige Durchfahrt und ein mittiger Giebel mit Zwerchhaus. In den Blockinnenbereichen wurden Manufakturen und Handwerker angesiedelt. Die neu entstandene Stadtgrenze wurde wiederum befestigt und mit drei Stadttoren versehen: dem Nauener Tor, dem Jägertor und dem Brandenburger Tor.

Ein nahezu geschlossen erhaltenes Quartier innerhalb der II. Barocken Stadterweiterung ist das Holländische Viertel. Es wurde ab 1734 für niederländische Kolonisten angelegt. Der ebenfalls holländische Schiffsbauer Jan Boumann entwickelte dazu fünfachsige Traufhäuser und dreiachsige Giebelhäuser in heimischer Typologie. Bis heute ist der Kontrast aus rotem Backsteinmauerwerk und weißem Holzzierrat reizvoll. Im Zuge dieser Entwicklung wurde auch das Sumpfgebiet im Osten der Stadterweiterung trockengelegt und zum Bassinplatz mit einem »Holländischen Bassin« als Wassersammler geformt.

Da der König als Finanzier und Bauherr eine Veränderungssperre bis 1920 erwirkt hatte, war Potsdam noch 1945 ein nahezu geschlossenes Barockensemble.
Die heute belebteste Wegachse durch das Quartier ist die schon zu DDR-Zeiten in eine Fußgängerzone umgewandelte Brandenburger Straße zwischen Bassinplatz und Brandenburger Tor.

1 Stadtbefestigungsanlagen

Adresse
Schopenhauerstraße, Charlottenstraße, Hegelallee

Baujahr
1733, 1755, 1770

Bauherren
König Friedrich Wilhelm I., Friedrich II.

Architekten
Johann Gottfried Büring, Carl Philipp von Gontard, Georg Christian Unger

Das **Brandenburger Tor** hatte zwei Architekten. Gontard entwarf die der Stadt zugewandte Seite mit der klar gegliederten Fassade mit Trophäen und Unger die Feldseite mit korinthischen Doppelsäulen auf hohem Sockel. Das Tor von 1770 ist bereits das zweite an dieser Stelle. Das erste entstand 1733 im Zuge der II. Stadterweiterung, wurde nach dem Siebenjährigen Krieg abgerissen und durch den heutigen Monumentalbau ersetzt. Zwei seitliche Torhäuser wurden 1891 entfernt.

Das 1733 errichtete **Jägertor** ist das älteste im Original erhaltene unter den Potsdamer Toren. Zusammen mit dem Nauener und dem Brandenburger Tor markierte es einst die Grenze der II. Stadterweiterung. Ungeachtet seines figürlichen Jagdschmucks und der Trophäendarstellung wirkt es schlicht. »Toskanische« Pfeiler tragen einen Sturz mit Skulpturen aus Sandstein. Das Jägertor erhielt seinen Namen nach dem Jägerhof, den der Große Kurfürst jenseits des Tores auf dem Gelände des heutigen Justizzentrums in der Jägerallee hatte anlegen lassen. Seit dem Abriss der Stadtmauer 1869 steht das Tor frei; 1907 wurden die Torbauten entfernt.

Im Bereich der Kreuzung Charlottenstraße / Friedrich-Ebert-Straße befand sich das erste **Nauener Tor**, dem jedoch 1733 ein barocker Nachfolger nahe dem heutigen Standort folgte. 1755 entstand durch Büring schließlich auf der Stadtseite an der heutigen Stelle ein Tor nach einer Idee Friedrich II., das früheste Beispiel neogotischer Architektur auf dem Kontinent. Charakteristisch sind die runden Tortürme mit Kegeldächern und Seitengebäude mit spitzen Torbögen und Löwenköpfen. Die endgültige Gestalt erhielt das Tor 1867–69; in dieser Zeit wurde auch das barocke Tor von 1733 abgerissen.

2 Haus »Im Güldenen Arm«

Adresse
Hermann-Elflein-Straße 3

Baujahr
1737

Bauherr
König Friedrich Wilhelm I.

»Im Güldenen Arm« nannte der Bildhauer August Melchior Erhardt sein Haus, das ihm Friedrich Wilhelm I. 1737 geschenkt hatte. Im Zuge der II. Stadterweiterung gebaut, ist es eines der wenigen Häuser mit Fachwerkfassade, wie sie nur in der Jäger- und in der heutigen Hermann-Elflein-Straße errichtet wurden. Alle anderen der immerhin insgesamt 680 Fachwerkhäuser Potsdams haben eine massive Straßenfront. Um schnell und preiswert bauen zu können, verfügte Friedrich Wilhelm I. persönlich den Bau von Typenhäusern. Etwa eintausend entstanden daraufhin zwischen 1715 und 1740 in Potsdam. Das Haus »Im Güldenen Arm«, heute als Museum genutzt, besitzt innen noch seine originale Raumaufteilung und vier historische schwarze Kachelöfen.

3 Kommandantenhaus

Adresse
Lindenstraße 54, 55

Baujahr
1737, 1852–54

Bauherr
König Friedrich Wilhelm I.

Architekt
Philipp Gerlach (Entwurf)

Das bis 1737 errichtete Große Holländische Haus diente bis 1816 als Wohnhaus für den jeweiligen Kommandanten des königlichen Leibregiments. Ab 1820 wurde es zum Amtsgericht umgebaut, unter Einbeziehung des Nachbarhauses Nr. 55 erweitert und im Hof ein Gefängnistrakt eingerichtet. Das bemerkenswerte historische Treppenhaus mit einem originellen geschnitzten Geländeranfänger ist bis heute erhalten. Von 1853 bis 1857 arbeitete der Dichter Theodor Storm an diesem Stadtgericht. Ab 1933 beherbergte das Gebäude das sog. Erbgesundheitsgericht. Nach kurzer Nutzung durch den sowjetischen Geheimdienst zog 1952 das Ministerium für Staatssicherheit mit einem Untersuchungsgefängnis ein. Daraufhin prägte der Volksmund für das Gebäude den sarkastischen Namen »Lindenhotel«. Heute nutzen eine Gedenkstätte und die Potsdamer Denkmalpflege die historischen Räume.

4 Bürgerliches Wohnhaus

Adresse
Dortustraße 59

Baujahr
1737

Bauherr
König Friedrich Wilhelm I.

Das Haus Dortustraße (früher Waisenstraße) 59 wurde 1737 errichtet. Der Grundriss ist der eines symmetrischen Mittelflurhauses mit hintenliegender Treppe. Auf der gegenüberliegenden Seite war die »Schwarze Küche« angeordnet. Die Raumstruktur mit den alten großen Schornsteinen ist noch erhalten, nur der als breiter Kamin über dem Herd beginnende Schornsteinzug musste Ladeneinbauten weichen. Das Haus ist wie alle Häuser der II. Barocken Stadterweiterung nur zu einem Viertel unterkellert, wobei der Keller aufgrund des hohen Grundwasserstandes nur einen Meter tief in der Erde liegt. Jeweils ein Raum im Haus war für die Einquartierung unverheirateter Soldaten vorgesehen. Genaue Vorschriften regelten seine Größe (208 Quadratfuß = 20,5 qm), da er für vier Soldaten mit ihren Spinnrädern Platz bieten musste. Um 1900 wurden Schaufenster in die Fassade eingefügt, die bei der Sanierung erhalten blieben.

5 Ehemalige Knabenschule

Adresse
Jägerstraße 3, 4

Baujahr
1837–38

Bauherr
Magistrat der Stadt Potsdam

Architekt
Karl Friedrich Schinkel

Der dringende Bedarf an einer Armenschule veranlasste die Stadt Potsdam 1835, zwei Grundstücke zu erwerben und darauf zwei Jahre später eine Freischule zu errichten. Viele kleinere Einrichtungen der Stadt sollten hier an einem zentralen Ort zusammengefasst werden. Nach Entwürfen von Karl Friedrich Schinkel baute sein Schüler Carl Wilhelm Redtel einen dreigeschossigen rechteckigen Putzbau mit Eckrisaliten und ursprünglich zwei Eingängen, die ab 1933 durch einen Mitteleingang ersetzt wurden. Auch die Innenräume des klassizistischen Gebäudes wurden damals umgestaltet.
Bis zu 700 Kinder armer Eltern besuchten die Schule jährlich. Nach umfassender Sanierung befindet sich seit über dreißig Jahren die Musikschule »Johannn Sebastian Bach« in dem Gebäude.

6 Stadtpalais Potsdam, Karstadt-Kaufhaus

Adresse
Brandenburger Straße 49–52

Baujahr
1905–07, 2003–05

Bauherr
Firma F. Schwarz

Architekten
**Carl Schmanns,
RKW Architekten (Sanierung)**

Das heutige »Stadtpalais Potsdam« wurde 1905–07 als Kaufhaus für die Firma F. Schwarz errichtet. Ihm mussten viele kleinere Wohnhäuser weichen. 1929 übernahm das Karstadt-Unternehmen das Warenhaus. 1946 enteignet und der Konsumgenossenschaft übergeben, fristete es ab 1965 als »konsument-Warenhaus« sein Leben. 2005 wurde es nach seiner Sanierung als Karstadt-Kaufhaus wiedereröffnet. Das Potsdam-Palais gehört zu den wenigen Kaufhausbauten in Deutschland, deren Fassade nur wenigen Veränderungen – in den 1930er Jahren vor allem einer Entfernung des Dekors – unterworfen war. Besonders eindrucksvoll ist der denkmalgeschützte, überregional bedeutsame Jugendstillichthof mit Glaskuppel.

7 Große Stadtschule

Adresse
Friedrich-Ebert-Straße 17

Baujahr
1739

Bauherr
König Friedrich Wilhelm I.

Architekt
Friedrich Wilhelm Diterichs

Die Große Stadtschule ist einer der wenigen erhaltenen repräsentativen Bauten des Soldatenkönigs Friedrich Wilhelm I. und zugleich der letzte, der unter seiner Regentschaft entstand (1739). In vergoldetem Kupfer zieren seine Initialen »FWRB« (Fridericus Wilhelmus Rex Borussiae) den Balkon der Schule. Unter anderem bereitete sich Heinrich von Kleist hier für sein Universitätsstudium vor, aber auch Hermann Ludwig Ferdinand von Helmholtz und Johann Maximilian Dortu drückten hier die Schulbank. Vermutlich baute Friedrich Wilhelm **Diterichs** den zweigeschossigen Putzbau mit Mansarddach, repräsentativem Mittelrisalit und Segmentgiebel. Ein Balkon mit Ecklisenen und vasenbestandener Attika sowie die großzügige dreizehnachsige, weiß abgesetzte Fassade in gelbem Ocker charakterisieren das Gebäude und heben es von den schlichten Bürgerhäusern der Umgebung ab.

8 Holländisches Viertel

Adresse
**Friedrich-Ebert-Straße, Kurfürstenstraße,
Hebbelstraße, Gutenbergstraße,
Mittelstraße, Benkertstraße**

Baujahr
1733–42

Bauherr
König Friedrich Wilhelm I.

Architekt
Jan Boumann d. Ä.

Während seiner Amsterdam-Reise 1732 warb Friedrich Wilhelm I. persönlich erfahrene Handwerker für die II. Potsdamer Stadterweiterung an. Unter Leitung des Holländers Jan Bouman begann schon im folgenden Jahr der Bau des Holländischen Viertels, das mit insgesamt vier Karrees als eigenständiges Ensemble innerhalb der barocken Stadtanlage geplant wurde. Zunächst entstanden die Häuserzeile an der heutigen Friedrich-Ebert-Straße und die sich daran anschließenden Karrees. Die insgesamt 134 Giebel- und Traufenhäuser waren niederländischen Bauformen nachempfunden und sollten die Ansiedlung von dort stammenden Handwerkern befördern. Zur Unterstützung dieser Ansiedlungspolitik erließ der König 1738 weitreichende Privilegien einschließlich Religionsfreiheit, Befreiung von Einquartierungen, Versorgung mit Arbeitsaufträgen und Bereitstellung eines Hauses. Trotzdem wohnten in den ersten vierzig Häusern zunächst nur achtzehn holländische Handwerker, darunter Zimmerer, Maurer, Samtmacher, Schlosser und sogar ein Seidendrucker. Neben ihnen wurden Militärangehörige und andere Ansiedler im Holländischen Viertel heimisch.

Die letzten beiden Quartiere an der Westseite des Bassinplatzes entwarf Carl von Gontard. Sie wurden 1785 fertiggestellt. Im 19. Jahrhundert wurden die Häuser teilweise verändert, Anfang des 20. Jahrhundert verschwanden die bisherigen Straßengärten im heutigen Gehwegbereich.

Das restaurierte Jan-Bouman-Haus in der Mittelstraße 8 stammt aus dem Jahr 1735: Das typische Giebelhaus ist heute mit Vorderhaus, Hof, Fachwerkhofgebäude und Hofgarten in seiner ursprünglichen Gestalt erlebbar.

9 Katholische Kirche St. Peter und Paul

Adresse
Am Bassin 2

Baujahr
1867–70

Architekten
**Friedrich August Stüler,
Wilhelm Salzenberg**

Genau in der Achse der Brandenburger Straße steht der weithin sichtbare 62,76 Meter hohe Turm der katholischen Kirche St. Peter und Paul. Sie entstand nach Plänen von Friedrich August Stüler, wurde jedoch erst nach dessen Tod 1870 durch Wilhelm Salzenberg als Zivil- und Garnisonkirche ausgeführt. Es handelt sich um einen Zentralbau in romanisierenden Formen mit einer kleeblattartigen Apsis u.a. nach Vorbildern des Campanile von St. Zeno in Verona und der Hagia Sophia in Konstantinopel. Im Innenraum finden sich eine reiche ornamentale Ausmalung und in der Apsis ein Bildprogramm, das die ganze frühchristlich-byzantinische Ikonographie umfasst.
Den Platz vor der Kirche hatte Lenné bereits 1825 neu gestaltet, wobei er ihn mit Lindenreihen umpflanzte und ein vormals 230 mal 150 Meter großes Bassin auf einen kreisförmigen kleinen Teich reduzierte.

10 Französische Kirche

Adresse
Am Bassinplatz

Baujahr
1751–53

Bauherr
König Friedrich II.

Architekten
**Georg Wenzeslaus von Knobelsdorff,
Jan Boumann**

Friedrich II. bezahlte die Französische Kirche aus seiner Privatschatulle und schenkte sie 1753 der dreißig Jahre zuvor in Potsdam gegründeten französischen Gemeinde. Der König und sein Architekt Knobelsdorff ließen sich bei ihren Planungen vom Pantheon in Rom inspirieren. Jan Boumann errichtete schließlich einen der Hedwigs-Kathedrale in Berlin ähnlichen Zentralbau über querelliptischem Grundriss mit einer Säulenvorhalle an der Südseite. Die von Friedrich Christian Glume stammenden Sandsteinfiguren in den Portalnischen symbolisieren die christlichen Tugenden Glaube, Liebe und Hoffnung. Nach der Eroberung Preußens durch die napoleonischen Truppen diente die Kirche ab 1806 als Pferdestall. Erst 1832 erfolgte eine grundlegende Renovierung des Innenraums nach Entwürfen von Karl Friedrich Schinkel.

Berliner Vorstadt und Neuer Garten

Jungfernsee

Böcklinstr.

Schwanenallee

Rembrandtstr.

Tizianstr.

Neuer Garten

Heiliger See

Ludwig-Richter-Str.

Berliner Straße

Seestraße

Helmholtzstr.

Tiefer See

Mangerstraße

Behlertstraße

Otto-Nagel-Str.

Hans-Thoma-Str.

Berliner Straße

Schiffbauergasse

Hebbelstraße

Leiblstraße

Gutenbergstraße

Wenn man Potsdam in Richtung Berlin über die Glienicker Brücke verlässt, durchquert man zuvor die **Berliner Vorstadt**. Sie liegt zwischen Heiligem See, Jungfernsee und Tiefem See jenseits des ehemaligen Berliner Tores und beiderseits der Berliner Straße.

Die Berliner Vorstadt entwickelte sich nach dem Neubau der Glienicker Brücke 1777 und dem Ausbau der »Neuen Königsstraße« zur ersten preußischen Kunststraße, allerdings zunächst recht verhalten. Später entstand auf dem Gelände zum Heiligen See hin eine Vielzahl prächtiger Villen. Heute wächst das Quartier zur wohl nobelsten Potsdamer Vorstadt.

Am Tiefen See siedelten sich dagegen Industrie und Gewerbe an. Das Kultur- und Gewerbequartier Schiffbauergasse, das sich heute in dieser Gegend befindet, steht mit seiner quirligen Kunst- und Kulturwirtschaft – darunter dem neuen Potsdamer Theater – in gewisser Hinsicht ebenfalls in dieser Tradition. Es bildet ein spannungsreiches architektonisches Potpourri.

Das Areal des **Neuen Gartens** wird vom Westufer des Heiligen Sees, dem Südufer des Jungfernsees und im Westen von einer Mauer zur Nauener Vorstadt begrenzt. Noch im 18. Jahrhundert befanden sich hier und bis zum Pfingstberg Wein- und Obstgärten. Das änderte sich, als der Kronprinz und spätere König Friedrich Willhelm II. ab 1783 Grundstücke aufkaufte und 1787 Johann Eyserbeck d.J. beauftragte, einen sentimentalen Landschaftsgarten nach dem Vorbild des ebenfalls von Eyserbeck geschaffenen Wörlitzer Parks zu errichten. Das seinerzeit nicht öffentliche Gelände wurde als »Neuer Garten« bezeichnet, um den Unterschied zum »alten Garten« Sanssouci mit seiner damals noch barocken Anlage zu verdeutlichen. Beeindruckend ist die Vielzahl an exotischen sowie einheimischen Bäumen – allein 1791 wurden 1300 Lombardische Pappeln, Weymouthskiefern, Zedern, Weiden, Platanen, Lärchen und Rotfichten gepflanzt.

Direkt an den Ufern des Heiligen Sees errichtete Carl van Gontard 1787–92 mit dem Marmorpalais den ersten klassizistischen Schlossbau Potsdams. Zeitgleich entstanden verschiedene Nutz- und Vergnügungsbauten, deren Architektur einem romantisch-esoterischen Bildprogramm folgte: u.a. das einer antiken Ruine nachempfundene Küchengebäude, die Gotische Bibliothek, die ägyptisierende Orangerie, die neugotische Meierei, ein Eiskeller in Pyramidenform, eine Muschelgrotte, der hölzerne Pavillon der Einsiedelei, ein Obelisk und der Komplex des Holländischen Etablissements. Einige ältere Gartenhäuser der einzeln erworbenen Grundstücke wurden als Rotes, Grünes, Weißes und Braunes Haus in den Park integriert.

Die abschließende Gestaltung des Areals erfolgte erst von 1817 bis 1825 durch den neuberufenen Lenné. Er beseitigte alte Wegführungen und schuf große Rasenflächen, Hauptwege und reizvolle Blickbeziehungen über die Seen und in die Landschaft. Das rund 100 Hektar große Areal gilt neben dem Wörlitzer Park als gelungenstes Beispiel »englischer« Gartenkunst auf dem Festland.
1913–17 wurde das für den Kronprinzen Willhelm errichtete Schloss Cecilienhof am nördlichen Ende in den Park integriert. Die durch den Mauerbau 1961 zerstörten Bereiche sind inzwischen wiederhergestellt. Der Neue Garten gehört als ein wichtiger Bestandteil des Potsdamer Parkensembles zum UNESCO-Weltkulturerbe.

1 Depot

Adresse
Hebbelstaße 1

Baujahr
1929, 1932

Bauherr
Stadt Potsdam

Architekt
Karl Fischer

Das expressionistisch gestaltete Depot für die Fahrzeuge der Städtischen Straßenreinigung und Müllabfuhr entstand 1929 unter Leitung von Stadtbaurat Karl Fischer. Wegen des schwierigen Baugrundes wurde der mit dunkelroten Klinkern verkleidete Stahlbetonbau komplett auf Bohrpfählen und Pfahlrosten errichtet. Eingeschossige Garagenflügel schließen einen quadratischen, etwas zurückspringenden dreigeschossigen Verwaltungsbau winkelförmig ein. In dem Kubus waren Büros, Personalräume und die Wohnung des Betriebsleiters untergebracht. Das Gesims des Turms trägt an allen vier Ecken Putten mit verschiedenen Symbolen – einen Fisch, eine Fackel, eine Taube und eine Kugel mit Spaten. 1932 um zwei Garagen in der Gutenbergstraße erweitert, dient das Gebäude heute dem Potsdam-Museum als Depot und Werkstatt.

2 Gymnastikschule Ullrich

Adresse
Kurfürstenstraße 23

Baujahr
1927

Bauherr
Margarete Ullrich

Architekten
Leopold Kuhlmann, Emil Schuster

Die 1927 erbaute Gymnastikschule Ullrich zählt zu den wenigen Gebäuden mit expressionistischen Elementen in Potsdam. Die spannungsreiche und dennoch sachlich-klare Grundkonzeption zeigt sich in der dunkelbraunen Holzverschalung des Obergeschosses, das im Kontrast zum weiß verputzten Sockelgeschoss steht. Ein schmales Fensterband bringt Licht in die elegante Turnhalle, die sich durch drei große Türen zur Gartenterrasse hin öffnen lässt. Dem eingeschossigen Turnhallentrakt ist ein zweigeschossiger Wohntrakt angefügt. Das gesamte Gebäude, das auf einem Moorgelände errichtet wurde, steht auf einer dreißig Zentimeter starken Eisenbetonplatte, die ihrerseits auf Betonpfählen ruht. Um das Haus wegen der Untergrundbeschaffenheit so leicht wie möglich zu bauen, verwendeten die Architekten ein Holzfachwerk mit Schwemmsteinausmauerung.

3 Siedlung

Adresse
Leiblstraße 3–10

Baujahr
1923–24

Bauherr
Fa. Carl Tuchscherer

Architekt
Julius Bühler

Die Firma Tuchscherer baute 1924 in der Leiblstraße eine innerstädtische Wohnsiedlung mit Gartenstadtcharakter und schloss so Lücken in der nicht fertiggestellten Wohnanlage »Witam«. Die Putzbauten wurden wegen des Grundwasserstandes auf einem hohen Klinkersockel errichtet. Zwerchhäuser und Schleppgauben charakterisieren die Bohlenbinderdächer mit Biberschwanzdeckung. Die Häuser sind mit Vorgärten ausgestattet. Das Haus

Nr. 5 bewohnte Ulrich-Wilhelm Graf von Schwerin von Schwanenfeld und diente zeitweise als konspirativer Treffpunkt der Verschwörer des 20. Juli 1944.
Die Baufirma Carl Tuchscherer AG engagierte sich nicht nur in Potsdam. Sie war u.a. an Heinrich Straumers 1935 abgebranntem Haus der Funkindustrie in Berlin, am Messehof in Breslau sowie an der Dortmunder Westfalenhalle mitbeteiligt.

4 Wohnanlage »Witam«

Adresse
Gutenbergstr. 60–65, Leiblstr. 11 und 25, 26, H.-Thoma-Straße 1, 2–7, Hebbelstraße 4, 5, Kurfürstenstraße 19–22

Baujahr
etwa 1900–10

Bauherr
Edmund Rohde

Architekten
Edmund Rohde, Friedrich Rohde, A. Krause, Ludwig Otte

Das größte private Wohnungsbauvorhaben Potsdams zu Beginn des 20. Jahrhunderts schloss die lange vorhandene Lücke zwischen der Berliner Vorstadt und der Altstadt. In halboffener Bauweise entstanden mehrgeschossige, hochherrschaftliche Wohnhäuser in Doppel- und Dreiergruppen sowie in traditioneller Blockrandbebauung. Die repräsentativen Mietwohnungen besitzen bis zu sieben Zimmer, und zu den Anlagen in der Gutenberg-

straße 60–65 gehören große begrünte Ehrenhöfe. Das vielgestaltige und üppige Bild der Bauten wird durch Risalite, Lisenen und Pilaster sowie Loggien, Balkone und Erker erzielt, die mit Dekor verschiedener Stilrichtungen ausgestattet sind: Die Potsdamer Vorbilder des barocken Holländischen Viertels sind hier ebenso zu finden wie Neorenaissanceformen, Spätklassizismus-, Jugendstil- und Reformstilelemente.

5 Wohnhaus

Adresse
Gutenbergstraße 51

Baujahr
1938–39

Bauherr
Stadt Potsdam

Architekt
**Städtisches Hochbauamt unter
H. Kruschewsky**

Das Hochbauamt Potsdam beantragte am 28. März 1938 das einzige heute bekannte Wohnungsbauvorhaben für städtische Angestellte. Bereits im Juni 1939 war der viergeschossige Rohziegelbau aus gelben Glindower Ziegeln mit Walmdach und regelmäßig gereihten Fenstern fertig. Der Entwurf des Mehrfamilienwohnhauses für Feuerwehrangestellte geht vermutlich auf den Architekten Reinhold Mohr zurück. Ein dreiachsiger Mittelrisalit und

Lisenen an den Gebäudeenden gliedern die Fassade. In der Mittelachse erschließt eine zweiläufige, halbrund geführte Treppe das Gebäude. In den Geschossen sind jeweils vier Zwei- und acht Dreizimmerwohnungen untergebracht, im Keller befindet sich ein Luftschutzraum. Das Wohnhaus gilt als exemplarisch für den Gestaltungswillen der Stadt Potsdam während der Zeit des Nationalsozialismus, wobei barocke und klassizistische Bautraditionen aufgegriffen wurden.

6 Villa Tummeley

Adresse
Berliner Straße 29

Baujahr
1847, 1848

Bauherr
Eduard Tummeley

Architekt
Martin Gottgetreu

Vis à vis dem Babelsberger Park am Ufer der Havel ließ der Potsdamer Kaufmann und Zuckersiedereibesitzer Eduard Tummeley seine Villa errichten. Der Hofbaumeister Martin Gottgetreu, bekannt als Fontänenspezialist und Mitarbeiter Persius' beim Bau des Dampfmaschinenhauses, hat viele Elemente des in Babelsberg vorherrschenden Tudorstils übernommen. Neben der gelben Verblendziegelfassade gehören dazu auch markante,

klammerartige Fensterstürze sowie Zinnen, die allerdings schon 1885 der Überformung der Villa im Renaissancestil zum Opfer fielen. Die Gebäudestruktur mit einem niedrigen Mitteltrakt zwischen einem kräftigen Turm an der linken und einem giebelbekrönten Anbau an der rechten Seite erinnert an Schinkels Kavalierhaus auf der Pfaueninsel. Der Hofgärtner der Pfaueninsel, Gustav Adolph Fintelmann, entwarf die Gartenanlage der Villa.

7 VW-Designzentrum

Adresse
Schiffbauergasse 17

Baujahr
2004, 2005

Bauherr
Volkswagen AG

Architekt
Moritz Kock

Die Volkswagen AG hat ihr Potsdamer Designzentrum auf dem Grund einer steinzeitlichen Siedlung mit Grabstätten errichtet. Der von Moritz Kock konzipierte moderne Solitär mit Verwaltungs- und Funktionsebene am Kulturstandort Schiffbauergasse rezipiert verschiedene Potsdamer Architekturtraditionen und nimmt dabei eine Vermittlerposition ein: Im Eingangsbereich und an den Konferenzräumen nimmt der asymmetrische Bau mit Glasfassade und konstruktivistischer Dachaufhängung Motive der Potsdamer Turmvillen auf; der rückwärtige Gebäudeteil auf dreieckigem Grundriss orientiert sich dagegen an der benachbarten Husarenkaserne. Alle Büro- und Funktionsräume gruppieren sich um einen Hof, der für Präsentationen genutzt werden kann.

8 Bürogebäude Oracle

Adresse
Schiffbauergasse 14

Baujahr
1956, 2002–03

Architekten
**Karl Gottfried Pust,
Jürgen Mayer-Duarre & Anik Wolff
(Büro Ligne, Berlin)**

Das heutige Bürogebäude hatte ursprünglich eine ganz andere Funktion. Es ist kein Neubau, wie der erste Blick vermuten lässt, sondern ein Umbau der Koksseparationsanlage der ehemaligen Freundschen Gasanstalt. Letztere hatte 1856 ihren Betrieb aufgenommen und bis 1990 – als letztes noch voll in Betrieb befindliche Steinkohlegaswerk in Mitteleuropa – die Stadt Potsdam mit Stadtgas versorgt. 1953–55 nach Plänen des Potsdamer Architekten Karl-Gottfried Pust errichtet, knüpft die Gestaltung des Gebäudes an die klaren Formen der Neuen Sachlichkeit an. Die Stahlbetonkonstruktion ist mit roten Klinkern verkleidet und durch Pfeiler gegliedert. Mit dem Umbau entstand ein modernes Bürogebäude unter Erhalt und Integration der Fassade. Das Gebäude bietet Platz für 180 Arbeitsplätze in Großraumbüros. Das Obergeschoss wird als Kunden- und Schulungszentrum genutzt.

9 Ehemalige Zichorienmühle

Adresse
Schiffbauergasse 12

Baujahr
um 1800, 1859

Architekt
Ludwig Ferdinand Hesse

Ende des 18. Jahrhunderts prägten Mühlen das ansonsten noch völlig unbebaute Areal der Berliner Vorstadt. Die letzte erhaltene von ursprünglich sechs Windmühlen ist die Zichorienmühle, die lange Zeit zur Herstellung von Kaffeeersatz diente. Weil sie weithin sichtbar war, wünschte sich Friedrich Wilhelm IV. ihre Verschönerung. Hofbaumeister Ludwig Ferdinand Hesse fügte daher 1859 einen Aufsatz mit Zinnenkranz und eine Galerie auf halber Höhe hinzu. Landseitig baute er ein Wohnhaus mit Bohlenbinderdach und einem zwischengeschobenen turmartigen Verbindungsstück an. Der dreigeschossige, konisch zulaufende, verputzte Rundbau erhebt sich über einem hohen Natursteinsockel. Heute ist er der älteste Zeuge der gewerblichen Vergangenheit des Areals an der Schiffbauergasse.

10 Hans-Otto-Theater

Adresse
Schiffbauergasse 11

Baujahr
2002–06

Bauherr
Stadt Potsdam für Hans-Otto-Theater GmbH

Architekten
**Architekturbüro Böhm
(Prof. Dr. Gottfried Böhm)**

Der wohl prägendste Bau in der Schiffbauergasse ist der Neubau des Hans-Otto-Theaters. Nach Jahren des Provisoriums einer Stahlhalle am Alten Markt wurde der zweigesichtige Baukörper von 2002 bis 2006 errichtet. Zur Schiffbauergasse hin ist ein fünfgeschossiger Kubus zu sehen, der Magazin, Werkstätten, Verwaltung und den Bühnenturm in sich birgt. Einbezogen wurde ein historischer Gasometer, der als Wirtschaftshof genutzt wird. Den eher strengen Charakter dieser Gebäudeseite unterstreichen Fensterbänder und rote Farbflächen. Im Eingangsbereich gewährt eine Glasfront den Blick nach innen. Zum Wasser hin öffnet sich dagegen mit großer Geste ein pavillonartiger Baukörper mit drei gewölbten Dachschalen und kühn geschwungener Glasfront. Das gesamte Theaterhaus wird von rot eingefärbtem Sichtbeton dominiert. Sein Zuschauersaal bietet Platz für 470 Besucher.

11 Villa Ritz

Adresse
Berliner Straße 136

Baujahr
1798–1800, 1873 (Umbau)

Bauherr
Johann Friedrich Ritz

Architekt
Michael Philipp Daniel Boumann

Berliner Vorstadt und Neuer Garten

Johann Friedrich Ritz, Kammerdiener von Friedrich Wilhelm II. und eine Zeitlang zugleich Ehemann von dessen Geliebter Wilhelmine Enke bzw. Gräfin Lichtenau, errichtete für sich und seine zweite Frau, die Schauspielerin Henriette Baranius, dieses repräsentative Wohnhaus. Die Villa orientierte sich an den frühklassizistischen Bauten, die unter Friedrich II. in Potsdam entstanden waren. Noch heute im Original erhalten ist der in der Mitte des eingeschossigen Putzbaus liegende, etwa sechzig Quadratmeter große Saal mit zwei ovalen Konchen. 1873 fand eine Überformung des Gebäudes im Stil der Neorenaissance statt. Zwecks Nutzung als Studentenwohnheim wurde die Villa 1955 erneut umgebaut. Nach langem Leerstand wird sie künftig einen Kindergarten beherbergen. Der zunächst bis zum Heiligen See reichende Landschaftspark ist schon im 19. Jahrhundert überbaut worden.

12 Ehemalige Kaserne Garde du Corps

Adresse
Berliner Straße 135

Baujahr
1891–93

Architekten
Robert Klingelhöffer, R. B. Krämer

Nach der Reichsgründung im Jahr 1871 waren in der Garnisonstadt Potsdam zahlreiche Kasernenneubauten zu verzeichnen. Zwei nahezu gleiche Mannschaftsgebäude gehörten zur Kaserne Gardes du Corps, einem Komplex zwischen Berliner Straße und Behlertstraße. Den Hof umschlossen Stallanlagen und zwei Reitställe, von denen heute nur eine Reithalle erhalten ist. Die noch vorhandenen viergeschossigen Kasernengebäude an der Ecke Berliner Straße / Behlertstraße wirken wehrhaft, haben streng symmetrische Fassaden im Neorenaissancestil und sind als Klinkerbauten in rotem Backstein ausgeführt. Eine Besonderheit ist die Gliederung der roten Ziegelflächen durch Bänder aus rotem und nicht, wie sonst im Kaiserreich üblich, aus gelbem Sandstein. Bis 1990 wurde die Kaserne militärisch, heute hingegen zivil genutzt.

13 Ehemalige »Ostermann'sche Lichterfabrik«

Adresse
Berliner Straße 47, 48

Baujahr
um 1855

Bauherr
Wilhelm Ostermann

Architekt
unbekannt

1855 kaufte der Industrielle Wilhelm Ostermann ein Grundstück am Tiefen See und ließ sein Wohnhaus und eine Kerzenfabrik darauf errichten. Die Gestaltung des traufständigen Wohnhauses lehnte sich mit seiner englischen Tudorgotik an das gegenüberliegende Kleine Babelsberger Schloss an. Auch das aus rotem Backstein genauerte ziegelsichtige Fabrikgebäude mit flachem Satteldach und spangenartigen Fensterumrahmungen aus gelben Ziegeln ist davon geprägt. Der markante Giebel und drei dekorative gusseiserne Stützen im Innern sind bis heute erhalten. Das Gelände wechselte den Besitzer mehrfach und wurde nach 1945 viele Jahre von der Potsdamer Stadtreinigung genutzt. Mit ihrer anspruchsvollen neogotischen Fassadengestaltung stellt die Ostermann'sche Lichterfabrik ein herausragendes Zeugnis damaliger Industriearchitektur dar.

14 Oberstufenzentrum III »Johanna Just«

Adresse
Berliner Straße 114–115

Baujahr
1906–08, 1999

Architekten
**Fritz Bräuning (Entwurf);
Delis, Buck, Krüger (Ausführung)**

Einige Sondergenehmigungen waren nötig, um 1908 die erste »Staatliche Handels- und Gewerbeschule für Mädchen zu Potsdam« zu errichten. Denn der auf einem hohen Sockel errichtete dreigeschossige Putzbau mit Mansarddach überschritt mit seiner H-förmigen Anlage, den Seitenflügeln und einem Belvedere die üblichen Maßstäbe des Viertels bei weitem. Der vor dem I. Weltkrieg einsetzenden Reformpädagogik verpflichtet, entstand ein Bau mit hellen, lichten Räumen, Spezialkabinetten und einer eigenen Küche. Bis 1926 von der Gründerin Johanna Just geleitet, bildete die Schule Mädchen für Haushalt und Handel, aber auch künftige Gewerbelehrerinnen aus. Seit der Sanierung der gesamten Anlage im Jahr 1999 und der Nutzung nunmehr als Oberstufenzentrum erstrahlt auch das bedeutende Treppenhaus wieder in altem Glanz.

15 Wohnhaus Vogt

Adresse
Rembrandtstraße 21

Baujahr
2004

Architekt
Philipp Jamme

Das Zweifamilienhaus zeichnet sich durch eine klare Formensprache aus. Das Erdgeschoss fungiert als Sockel-Baukörper und trägt die zweite Wohneinheit, wobei dieser in den Abmaßen etwas kleinere, zwei Etagen sowie ein Satteldach aufweisende Baukörper leicht diagonal zum Sockel verschoben ist. Dadurch erhält die obere Wohnung auf zwei Seiten einen Umgang und eine großzügige Terrasse. Die Formensprache des Gebäude ist reduziert, der Materialeinsatz spannungsvoll differenziert. Das Erdgeschoss ist mit umlaufenden Leisten aus Lärchenholz verkleidet und öffnet sich nach Osten und Süden mit großzügigen Terrassendecks. Das Obergeschoss ist verputzt und mit einem lichtgrauen Anstrich versehen. Im Inneren setzt sich die klare Gestaltung fort: Die übersichtliche Grundrissstruktur korrespondiert mit einem puristischen Materialkonzept.

16 Wohnanlage »Glienicker Horn«

Adresse
Berliner Straße 69–73 (Bayerische Hausbau GmbH), Berliner Straße 74, 75, 78 (Groth und Graalfs GmbH)

Baujahr
1995–2000

Architekten
Michael Kny & Thomas Weber, Charles Moore, John Ruble, Buzz Yudell

Auf dem in exponierter Lage am Glienicker Horn gelegenen ehemaligen Grundstück der Villa Kampffmeyer entstanden zwischen 1995 und 2000 Stadtvillen mit hochwertigen Eigentumswohnungen, die an die historische Bebauung der Berliner Vorstadt anknüpfen und die Formensprache der Persius'schen Turmvillen aufgreifen. Abwechslungsreiche Grundrisse, separate Eingänge und Balkone und Loggien, verbunden mit einem breiten Sicherheits- und Serviceangebot, verdeutlichen den gehobenen Standard der Anlage. Die Gebäude wurden geschickt in die parkähnliche Landschaft eingebunden. Mit der Bebauung des Glienicker Horns konnte entlang des Ufers auch ein Rundweg durch die Stadt Potsdam angebunden werden.

17 Villa Kampffmeyer

Adresse
Berliner Straße 76

Baujahr
1924–25

Bauherr
Kurt Kampffmeyer

Architekten
Adolf und Friedrich Bolle

Die am Havelufer gelegene zweigeschossige Villa wurde als Putzbau in barockisierenden Formen mit kuppelbekröntem Vorbau und gegliedertem Walmdach ausgeführt. Der als Halbrund hervortretende überkuppelte Mittelrisalit wird von einer Figur des Merkur bekrönt. Dem repräsentativen Charakter des Äußeren entspricht die Gestaltung des Inneren mit einem großzügigen Raumkonzept. Herzstück der Villa ist eine zentrale Halle.

Um sie gruppieren sich Repräsentations- und Wirtschaftsräume. Blickfang der zweigeschossigen, mit Eichenholz vertäfelten Halle ist eine prachtvolle Treppe. Vom ehemals großen Garten, einer mit verschiedenen Terrassen versehenen Anlage, sind nur noch Reste einer Treppe erhalten. In der DDR-Zeit diente die Villa der Staatssicherheit als Beobachtungsposten beim Austausch von Agenten auf der Glienicker Brücke.

18 Tankstelle der »NITAG«

Adresse
Berliner Straße 88

Baujahr
1938–39

Bauherr
Naphta-Industrie- und Tankanlagen AG

Architekten
Otto von Estorff & Gerhard Winkler

Die Naphta-Industrie- und Tankanlagen AG (NITAG) beauftragte 1937 das für seine Landhäuser bekannte Büro Estorff & Winkler mit der Umgestaltung einer Tankstelle. Die Architekten schufen damit eines ihrer wenigen Industriegebäude: ein dreiachsiges, voll unterkellertes Gebäude, das neben dem Tankwartraum auch über einen Schlafraum und eine Wohnküche verfügte. Die Fensterachsen kennzeichnen diese ursprüngliche Teilung nach

außen noch immer. Das weit überkragende Walmdach wird von dem glatt geputzten Bau und vier vorgelagerten Pfeilern getragen. In den 1950er Jahren wurde die Tankstelle um einen Garagenbau an der linken Seite erweitert. Die NITAG-Tankstelle ist die einzige in Potsdam, die nicht im Zuge der späteren massenhaften Motorisierung umgebaut wurde, und beherbergt heute ein Café und eine Werkstatt für Motorräder.

19 Glienicker Brücke

Adresse
Berliner Straße

Baujahr
1907

Architekten
**G. Hochgürtel, Fa. Harkort
(Wettbewerbssieger)**

Zu Beginn des 17. Jahrhunderts war sie eine schmale Holzbrücke und nur dem Adel zugänglich. Erst 1834 wurde die Glienicker Brücke als wichtigste Verbindung zwischen Potsdam und Berlin nach Entwürfen von Karl Friedrich Schinkel in Stein gebaut. Die heutige Brücke ist eine 1907 eingeweihte, auf zwei Strompfeilern ruhende Stahlkonstruktion mit mächtigen Brückenköpfen. Im letzten Krieg zerstört, wurde sie zunächst durch eine provisorische Holzbrücke ersetzt, ehe 1947 der Wiederaufbau begann. Die Stahlkonstruktion konnte gehoben und die Brücke zwei Jahre später wieder geöffnet werden. Doch bereits 1952 wurde sie für den zivilen Autoverkehr gesperrt, und nach dem Bau der Mauer im August 1961 war sie nur noch für Mitglieder der Militärverbindungsmission passierbar. Bis heute wird die Glienicker Brücke mit dem Austausch von Agenten assoziiert, der bis 1989 hier mehrfach stattgefunden hat. Sie ist seither eines der wichtigsten Symbole der deutsch-deutschen Wiedervereinigung.

20 Villa Schöningen

Adresse
Berliner Straße 86

Baujahr
1843–45

Bauherr
Baron Kurd von Schöning

Architekt
Ludwig Persius

Baron Kurd von Schöning, Hofmarschall des Prinzen Carl, kaufte 1843 im Auftrag Friedrich Wilhelm IV. ein zweistöckiges Schiffbauerhaus und beseitigte mit dessen Umbau zu einer Villa einen vom Hof so empfundenen Schandfleck. Persius entwarf dafür ein ausgewogen komponiertes System addierter und ineinander verschachtelter Kuben auf symmetrischem Grundriss – ein eindrückliches Beispiel des von ihm selbst entwickelten Grundprinzip des italianisierenden Potsdamer Villenstils. Ein markanter Turm ergänzt die malerische Wirkung des Gebäudes. In einer Nische zwischen den Obergeschossfenstern steht eine lebensgroße Athena aus Zinkguss, die als Symbol der Weisheit und Kriegskunst auf den Militärhistoriographen von Schöning verweist. Der Eingang der Villa wurde 1888 durch Ernst von Ihne vergrößert, 1922 erweiterte Alfred Breslauer den Wirtschaftsflügel auf der Parkseite.

21 Landhausgruppe

Adresse
Schwanenallee 4–5 a (Landhaus Stachow, Luchwald, Richter)

Baujahr
1934–35, 1935–36, 1938

Architekten
Otto von Estorff & Gerhard Winkler

Die einheitlich von der gestalterischen Handschrift der Architekten von Estorff & Winkler geprägte Hausgruppe schloss die letzte Baulücke an der Schwanenallee. Die Gebäude zeichnet eine klare Formulierung der Baukörper aus. Sie haben glatt verputzte Fassaden mit Sockeln aus roten Blendziegeln. Die Häuser haben ferner, was für Potsdam eher untypisch ist, bündig in die Fassade eingelassene, teilweise mit Klappläden versehene Fenster, die durch ihre Reihung Fensterbänder assoziieren. Anders als bei der strengen Symmetrie- und Achsenbildung des ansonsten zitierten »Bauens um 1800« zeigen die Bauten ein spannungsreiches Spiel von Wand- und Öffnungsflächen. Ihre Grundrisse sind einfach, aber funktional und orientieren von innen nach außen zur Terrasse und zum dem Jungfernsee vorgelagerten Garten.

22 Ehemalige Kaiserliche Matrosenstation

Adresse
Schwanenallee 7, 7a

Baujahr
1893–95, 2000

Bauherr
Kaiser Wilhelm II.

Architekt
Holm Hansen Munthe

1832 schenkte die englische Krone Friedrich Wilhelm IV. eine maßstäblich verkleinerte Fregatte, die »Royal Luise«. Daraufhin ließ der König in der Nähe des Neuen Gartens eine Anlegestation und Wohnhäuser für deren Matrosen bauen, weshalb sich der Name »Matrosenstation« einbürgerte. Sechzig Jahre später beschloss Kaiser Wilhelm II. unterm Eindruck einer Norwegenreise, den vorgesehenen Neubau nicht neugotisch, sondern »norwegisch« aus-

führen zu lassen, und beauftragte den Osloer Stadtbaumeister Munthe. Dieser schuf eine U-förmige Anlage aus dem Hauptbau – einer reich verzierten Empfangshalle –, einem Bootshaus für das kaiserliche Dampfschiff »Alexandria« sowie den heute einzig noch erhaltenen Nebengebäuden (Werkstatt, Matrosenunterkunft, Wohnhaus des Stationsleiters). 1896 erhielt die Anlage den Namen »Kongnæs« (des Königs Landzunge), der auf dem im Jahr 2000 rekonstruierten Eingangsportal zu lesen ist.

23 Wohnhaus

Adresse
Böcklinstraße 15, 16

Baujahr
1922, 1936

Bauherr
Wilhelm Schmid

Architekt
Wilhelm Schmid

Von der Idee des »wachsenden Hauses« inspiriert, entwarf Wilhelm Schmid, der als bekanntester Schweizer Maler der Neuen Sachlichkeit gilt, 1922 sein Wohnhaus als sogenanntes Etappenhaus. Bruno Taut hatte derartige Überlegungen ein Jahr zuvor in der Zeitschrift »Frühlicht« vorgestellt. Schmid begann mit der Errichtung eines zweigeschossigen Wohnhauses mit flach geneigtem Zeltdach und einem schmalen Anbau auf der

linken Seite. Beide sind heute noch gut erkennbar. Gemäß dem Gesamtentwurf, der beidseitig eingeschossige Anbauten und zweigeschossige Kopfbauten vorsah, folgten 1923 ein Atelier auf der rechten und ein Wohn- und Esszimmer auf der linken Seite. 1929 wurde der Mittelteil aufgestockt und das Haus nach hinten durch einen großen Saalanbau mit Balkendecke erweitert, welcher 1936 nochmals eine Verlängerung erfuhr.

24 Wohnhaus

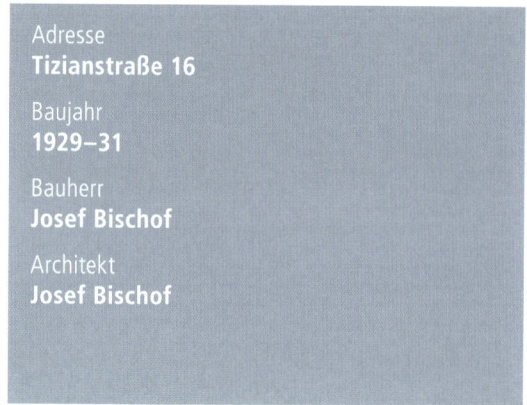

Adresse
Tizianstraße 16

Baujahr
1929–31

Bauherr
Josef Bischof

Architekt
Josef Bischof

Der Architekt Josef Bischof entwarf das Zweifamilien-
wohnhaus in der Tizianstraße 16, das später auch seine
Eltern bewohnten, 1929 auf einem rechteckigen Grundriss und in der Formensprache des Bauhauses. Den
zweigeschossigen, klar konturierten Putzbau mit Ziegel-
verblendungen im Sockelbereich und zwischen den Eck-
fenstern zeichnet eine deutliche horizontale und vertikale
Gliederung durch die Fenster und das Flachdach aus. Die
streng symmetrisch aufgefasste Putzfassade zur Straße
erhält ihren besonderen Akzent durch ein ziegelsichtiges
Treppenhaus, das sich als Zylinder zur Hälfte in den Baukörper hineinschiebt. Den funktionellen Gegebenheiten
von Wohn- und Schlafraum folgend, ist die Gartenfas-
sade asymmetrisch gegliedert. Der angelagerte Altan
gleicht die Spannung der Wand- und Öffnungsflächen
aus.
Josef Bischof, der zeitweise mit Erich Mendelsohn zusammenarbeitete und bis 1928 Mitglied im Deutschen
Werkbund war, hatte zuvor 1925 sein eigenes Wohnhaus in unmittelbarer Nähe in der Seestraße 40 errichtet.
Dieser Backsteinbau mit Bohlenbinderdach zählt –
neben dem Haus in der Tizianstraße – zu den wenigen
Bauten in Potsdam, die dem Neuen Bauen verpflichtet
waren. In seiner strengen, sachlichen Grundhaltung, den
sparsamen expressiven Formen im Innenraum und der
spannungsvollen Fassadengestaltung ist auch dieses
Haus ein bedeutendes Beispiel der Wohnkultur jener
Jahre.

25 Villa Rumpf

Adresse
Ludwig-Richter-Straße 17

Baujahr
1894–95

Bauherr
Maler Fritz Rumpf

Architekt
Gustav Meyer

Der Maler und Kunstsammler Fritz Rumpf ließ sich 1895 an einer leicht erhobenen Stelle am Nordufer des Heiligen Sees ein Wohn- und Atelierhaus in den Formen des holländischen Barock bauen. Die zweigeschossige Villa aus roten Klinkern ist über einem hohen Sockel errichtet und schließt mit einem Mansarddach ab. Mit ihren Neobarock- und Neorokokoelementen folgt sie dem historistischen Zeitgeschmack. Der eher konventionelle Grundriss basiert auf einem Kreuz, in dessen Mitte eine großzügige Halle platziert ist. Der einst das Nebentreppenhaus bekrönende Turm, verschiedene Schweifgiebel, vorspringende Altane und varierende Dachabschlüsse erzeugen eine malerische Wirkung.

26 Villa Metz

Adresse
Seestraße 35–37

Baujahr
1914–18, 1998–2000

Bauherr
Amstgerichtsrat Dr. Ernst Metz

Architekten
**Büro Paul Renner;
Josef Paul Kleihues (Sanierung)**

Ob seines »gotischen Geschmacks« hatte der österreichische Schriftsteller Ödön von Horvath das vermutlich um 1795 erbaute Müllerhaus in seine »Potsdamer Merkwürdigkeiten« aufgenommen. 1911 erwarb der Amtsgerichtsrat Ernst Metz das Grundstück, und 1914 legte der bekannte Landhaus- und Villenarchitekt Paul Renner einen Umbauentwurf vor. Renner schuf einen zwei- bzw. dreigeschossigen, axialsymmetrischen, stark kubisch gestaffelten Baukörper mit einer schlichten und dennoch repräsentativen neoklassizistischen Gestaltung. Nach dem II. Weltkrieg befand sich die britische Militärmission in der Villa Metz. Durch ihre markante, mit dem gegenüberliegenden Marmorpalais harmonierende Erscheinung gehört sie zu den bedeutendsten Gebäuden am Heiligen See und in der Berliner Vorstadt.

27 Landhaus Andreae

Adresse
Seestraße 43

Baujahr
1913, 1914

Bauherr
August Andreae

Architekt
Paul Schultze-Naumburg

Der Architekt des Schlosses Cecilienhof, Paul Schultze-Naumburg, entwarf 1913 für den Rittmeister a.D. August Andreae am Heiligen See ein neues Landhaus mit Wirtschaftsflügel und Stallgebäude. Er baute an einem Rondell in der Verlängerung des Mühlenweges und schuf dadurch ein »Herrenhaus« mit einer würdigen Vorfahrt. Mit sparsamen gestalterischen Mitteln – wenige Sandsteinverkleidungen, Loggien sowie gesprosste Fenster mit Klappläden – werden die schlicht verputzten Fassaden belebt. Schultze-Naumburg propagierte in jener Zeit eine Abkehr von der historischen und eine Rückbesinnung auf die Architektur der Goethezeit mit ihrer Innenraumgestaltung und der landschaftlichen Einbindung. Von dem Gebäudeensemble sind neben dem Wirtschaftshof noch die Terrassenanlage und eine doppelreihige Lindenbepflanzung parallel zur Uferlinie erhalten.

28 Landeszentralbank

Adresse
Helmholtzstraße 3–5

Baujahr
1991–97

Bauherr
Landeszentralbank in Berlin und Brandenburg

Architekt
Ortner & Ortner

Die Landeszentralbank Berlin-Brandenburg errichtete ihr neues Gebäude von 1991 bis 1997 auf dem Gelände der ehemaligen Reichsbank von 1900. Das Ensemble besteht aus einem viergeschossigen Bankgebäude und drei gleich hohen Stadtvillen. Den Kern des Bankgebäudes bildet ein 540 Quadratmeter großer Tresor, der über drei Geschosse reicht. Die Vorhalle ist zur Helmholtzstraße hin vollständig verglast und nimmt den gesamten Kundenverkehr auf. Rötliche Granitplatten mit zwei verschiedenen Oberflächen kleiden die Seitenwände aus. Demgegenüber sind die Villen in Ziegel- und sandfarbenem Material ausgeführt und bilden durch einen gemeinsamen Terrassensockel das vis-à-vis der Kleist'schen Villa. Die umfangreichen Sicherheitsvorkehrungen rund um die Bank sind architektonisch elegant in die Gesamtkonzeption eingebunden.

29 Mietvillen Mangerstraße

Berliner Vorstadt und Neuer Garten

Adresse
Mangerstraße 14, 19, 23–26, 32

Baujahr
1892–1902

Bauherr
Ernst Petzholtz

Architekt
Ernst Petzholtz

Eigentlich sollten, dem Charakter der Berliner Vorstadt entsprechend, in der Mangerstraße Eigentümervillen entstehen. Der Bauherr und Hofbaumeister Ernst Petzholtz erkannte jedoch rasch die Vorteile von Mietshäusern. Er ließ seine »Villen« gleichsam in die Höhe und in die Breite wachsen und errichtete mehrgeschossige Putzbauten mit teilweiser Ziegelverblendung. Balkone und Loggien, Türme, Erker und kräftige, tektonische Oberflächen charakterisieren die Häuser. Sie vereinigen in ihrer historistischen Gestaltung neugotische und klassizistische Stilelemente ebenso wie Facetten des Neobarock und der Neorenaissance. In besonders üppiger und pompöser Weise schlägt sich das im zuletzt gebauten Haus Nr. 15–19 nieder. Mit seinen neuen Mietvillen entwickelte Petzholtz die Berliner Vorstadt von der Königstraße bis hin zum Heiligen See und schuf für die durch die Entwicklung von Verwaltung und Militär stark anwachsende Bevölkerung hochherrschaftliche Wohnungen mit zum Teil sehr wertvoller Innenausstattung: So stammt das Parkett in Nr. 14 aus Magdeburg, und die Häuser Nr. 19 und 26 verfügen über eine aufwendige Treppenhausausmalung. In Nr. 19 überrascht die von zarten Stützen getragene gusseiserne Treppe mit ihren Marmorstufen und den gitterartig durchbrochenen Setzstufen. Eine Assoziation zur berühmten Schinkel-Treppe im Palais des Prinzen Albrecht in der Wilhelmstraße drängt sich förmlich auf. Geplant war die Treppe jedoch für das Jagdschloss Glienicke, das schließlich ein repräsentatives Treppenhaus in schwerem Renaissancestil erhielt.

30 Gotische Bibliothek

Adresse
Neuer Garten

Baujahr
1792–94

Bauherr
König Friedrich Wilhelm II.

Architekt
Carl Gotthard Langhans

Die Gotische Bibliothek wurde nach Plänen von Langhans unmittelbar an der Südspitze des Heiligen Sees und in Sichtbeziehung zum Marmorpalais errichtet. Sie bildete das Pendant zu einem bereits 1869 abgerissenen hölzernen Maurischen Tempel an der nördlichen Seespitze. Der zweigeschossige, achteckige pavillonartige Turmbau wird von einem vierseitigen Arkadengang umschlossen. Ursprünglich beherbergte er die königliche Bibliothek, und zwar im Untergeschoss die französischen Klassiker; darüber die Werke der deutschen Literatur. Eine Wendeltreppe führt auf die Terrasse und den Raum im Obergeschoss. Der neugotische Charakter des Sandsteingebäudes setzt sich auch im Innern bei den feingliedrigen Sterngewölben fort. Nach dem II. Weltkrieg verfiel das Gebäude zur Ruine. 1993–98 wurde es wiederaufgebaut und saniert.

31 Holländisches Etablissement

Adresse
Neuer Garten

Baujahr
1789/90

Bauherr
König Friedrich Wilhelm II.

Architekten
**Carl von Gontard (Entwurf),
Andreas Ludwig Krüger (Ausführung)**

Das sogenannte »Holländische Etablissement« beginnt am Haupteingang des Neuen Gartens mit einem sechsachsigen Portierhaus im holländischen Baustil und vier Torpavillons – in ihnen befanden sich Ställe und Remisen – und erstreckt sich entlang der Hauptallee bis zum Marmorpalais. Unter der Leitung von Krüger entstanden hier die eigentlichen neun Nebengebäude des Schlosses: Wohngebäude für die Bediensteten sowie ein Kavalier- und ein Damenhaus. Sie wurden sämtlich in rotem Ziegelmauerwerk mit getreppten oder geschweiften Giebeln ebenfalls nach holländischem Vorbild ausgeführt und greifen damit den bereits ein halbes Jahrhundert zuvor in der Potsdamer barocken Stadterweiterung rezipierten Stil wieder auf. 1906 erfolgten einige Erweiterungen des Ensembles und nach 1945 auch entstellende Anbauten. Es dient heute Wohnzwecken und kann nicht besichtigt werden.

32 Marmorpalais

Adresse
Neuer Garten

Baujahr
1787–91; 1797; 1843–45

Bauherr
König Friedrich Wilhelm II.

Architekten
Carl von Gontard (Entwurf), Andreas Ludwig Krüger (Ausführung); Carl Gotthard Langhans, Michael Philipp Boumann d. J.; Ludwig Ferdinand Hesse

Die frühklassizistische Sommerresidenz von Friedrich Wilhelm II. entstand ab 1787 nach Plänen Gontards. Es markiert die Abkehr von dem unter Friedrich II. in Preußen dominierenden Barock und Rokoko. Das Palais wurde zunächst zweigeschossig auf quadratischem Grundriss mit Belvedere auf dem flachen Dach und einem seeseitigen Balkon errichtet. Die Wandflächen sind in holländischer Manier aus unverputztem rotem Ziegelmauerwerk, wozu Schmuckelemente aus weißem Marmor einen reiz-

vollen Kontrast bilden. 1797 folgten nach Entwürfen Philipp Boumanns d. J. zwei eingeschossige Seitenflügel, die jedoch erst 1845 durch Persius und Hesse im Innern vollendet wurden. Der bedeutende Konzertsaal und das Orientalische Kabinett stammen von Langhans. Für die rückwärtigen Säulengänge an den Seitenflügeln verwendete man Teile der abgebrochenen Knobelsdorffschen Kolonnade aus Sanssouci. Die Nutzung des Palais u.a. als Armeemuseum der DDR brachte zahlreiche Entstellungen mit sich. 1988–2008 erfolgte eine umfangreiche Sanierung.

33 Schloss Cecilienhof

Adresse
Neuer Garten

Baujahr
1913–17

Bauherr
Kronprinz Wilhelm

Architekt
Paul Schultze-Naumburg

Cecilienhof, der letzte Schlossbau Preußens, wurde kurz vor dem Ende der Monarchie für den Kronprinzen Wilhelm und dessen Frau Cecilie am Jungfernsee im Norden des Neuen Gartens in der Art englischer Landsitze errichtet. Naturstein- und Fachwerkverblendungen verleihen den Backsteinfassaden einen malerischen Charakter. Markant sind ferner Zwerchhäuser, Erker und Zierschornsteine. Um einen quadratischen Haupthof gruppieren sich weitere

Höfe. Alle Gebäudeteile der asymmetrischen, in den Höhen und Volumina spannungsvoll gestaffelten, 176 Zimmer umfassenden Anlage sind durch Gänge und Galerien verbunden. Die überwiegend erhaltene Ausstattung mehrerer Privaträume wurde von Paul Ludwig Troost entworfen, später erster Lieblingsarchitekt Hitlers. Im Sommer 1945 fand im Schloss die Potsdamer Konferenz der Siegermächte statt. Heute beherbergt es ein Hotel und ein Museum.

Jäger- und Nauener Vorstadt

Kirschallee

Nedlitzer Straße

Bertinistr.

27

Georg-Hermann-Allee

Erich-Mendelsohn-Allee

BUGA-Park

8

24

Am Pfingstberg

23

Große Weinmeisterstr.

Am Neuen Garten

Jungfernsee

2

1

Nedlitzer Straße

22

26

25

Glumestr.

9

Puschkinallee

21

Heiliger See

Beyerstr.

10

Am Schragen

11

Pappelallee

3

Ruinenbergstr.

Voltaireweg

Friedrich-Ebert-Straße

Am Neuen Garten

12

Jägerallee

13

16

Behlertstr.

20

G.-Mendel-Str.

6

Weinbergstr.

4

17

18

19

Kurfürstenstraße

5

15

7

14

Hegelallee

Die Innenstadt hinter uns lassend betreten wir durch das Nauener Tor die **Nauener Vorstadt**. Der nördliche Teil der in Richtung Nauen führenden heutigen Friedrich-Ebert-Straße verlief bis ins 18. Jahrhundert durch ländliches Gebiet. Ende des 18. Jahrhunderts entstand hier der Neue Garten als Sommerresidenz König Friedrich Wilhelm II.; er bildete den östlichen Rand der sich nun entwickelnden Nauener Vorstadt. Wenig später schuf Schinkel am Pfingstberg sein erstes eigenständige Bauwerk: den Pomonatempel.

Im 19. Jahrhundert setzte die Parzellierung in Villenbaugrundstücke ein, und es entstanden die bis heute den Charakter der Gegend prägenden Landhäuser und Villen. Ab 1880 wurden unmittelbar vor dem Nauener Tor Regierungs- und Verwaltungsgebäude und ab 1900 viergeschossige Wohnhäuser gebaut. Nicht unerwähnt bleiben darf das berühmte Holzhausensemble der Kolonie Alexandrowka. Es bildet in der Verlängerung der Jägerallee die Grenze zur **Jägervorstadt**.

Die Garde-Ulanen-Kaserne an der Jägerallee gilt heute als gelungenes Beispiel für den Umbau und die Umnutzung historischer Gebäude mit ehemals militärischer Funktion. Eine Umnutzung militärischer Bauten und Gelände war auch Ausgangspunkt für die Entwicklung des Volksparks und des Fachhochschulcampus im Potsdamer Norden am Bornstedter Feld.

Jägervorstadt und Nauener Vorstadt bieten mit ihren überwiegend unbeschädigten Gebäudeensembles ein abwechslungsreiches und reizvolles Bild Potsdamer Baukultur.

1 Stadtteil Bornstedter Feld

Adresse
**Quartiere Kirschallee, Pappelallee,
Lazarett, An der Vogelweide, Gartenstadt**

Baujahr
1996–2006

Bauherr
Entwicklungsträger Bornstedter Feld

Der Stadtteil »Bornstedter Feld« ist ein Wohn-, Dienstleistungs- und Freizeitstandort mit herausragenden Qualitäten. Das 300 Hektar große Areal wurde seit dem 18. Jahrhundert als Exerzierplatz genutzt und von Friedrich Wilhelm IV. als militärisches Gelände festgelegt. Erst mit dem Abzug der Roten Armee 1994 stand einer Umgestaltung und zivilen Nutzung nichts mehr im Wege. Ein bereits 1992 erarbeitetes Planwerk gab u.a. vor, wie der historische Gebäudebestand mit Kasernen aus mehreren Epochen zu integrieren war. Das Gebiet wurde zur größten Entwicklungsfläche Potsdams. Sein Zentrum bildet seit 2001 ein 65 Hektar großer moderner Volkspark, der BUGA-Park, der die neu entstehenden Stadtquartiere miteinander verbindet. Er entstand im Ergebnis eines 1997 durchgeführten landschaftsplanerischen Wettbewerbs. Ebenfalls im Rahmen mehrerer Wettbewerbe wurden ab Mitte der 1990er Jahre die Quartiere Kirschallee, Lazarett-Areal, Pappelallee, Vogelweide und Gartenstadt geplant. Die inzwischen sanierten ehemaligen Kasernenanlagen sind mit Wohnungen, Dienstleistungsunternehmen, Forschungseinrichtungen und der Fachhochschule Potsdam neuen Nutzungen zugeführt.

Entwicklungsträger Bornstedter Feld GmbH

In allen Epochen gab es in Potsdam kräftige urbane Entwicklungsschübe in Form von Stadterweiterungen. Die bisher letzte und aktuelle findet im Norden der Stadt statt: auf dem Bornstedter Feld. Der städtische Entwicklungsträger Bornstedter Feld GmbH steuert und koordiniert die Entstehung dieses neuen Stadtteils. In einem Gebiet, das 250 Jahre lang ausschließlich militärisch genutzt wurde, werden einmal 13 400 Menschen wohnen und 5000 Arbeitsplätze entstanden sein. Schon heute leben, arbeiten und forschen hier mehr als 7000 Menschen.

Bis 2001 wurden rund 200 Millionen Euro öffentlicher Gelder für die Entwicklung des Bornstedter Feldes ausgegeben. Davon flossen allein 100 Millionen Euro in die Gestaltung des BUGA-Parks (einschließlich Grunderwerb und Altlastensanierung) sowie in die technische und verkehrliche Erschließung des neuen Stadtteils. Weitere 70 Millionen Euro kosteten Projekte der sozialen (Kitas, Schulen) und touristischen Infrastruktur. Neben diesen öffentlichen Mitteln wurden bisher 150 Millionen Euro aus Treuhandvermögen investiert, welches sich aus Grundstücksverkäufen sowie aus Fördermitteln speist.

Der Entwicklungsträger Bornstedter Feld GmbH ist ein Unternehmen des Unternehmensverbandes PRO POTSDAM. Im Jahr 2002 erhielt die Gesellschaft den »Deutschen Städtebaupreis«.

www.bornstedter-feld.de

2 Volkspark Potsdam und Biosphärenhalle

Adresse
Georg-Herrmann Allee 99

Baujahr
1999–2001

Architekten
Barkow Leibinger Architekten

Der »Volkspark Potsdam« wurde 2001 im Rahmen der Bundesgartenschau eröffnet. Seine Errichtung gehörte zu den Hauptaufgaben eines bereits 1992 erarbeiteten Planwerks zur zivilen Umgestaltung des Bornstedter Feldes. Ein landschaftsplanerischer Wettbewerb von 1997 wies dann die zu erhaltenden diagonal angeordneten Wallanlagen als zentrales Gestaltungselement aus. Brücken verbinden sie mit verschiedenen Bereichen wie den »Baumhallen«, dem »Remisenpark« oder dem Wasserspielplatz mit Parkcafé (von Rolf Gnädiger). An den Wallanlagen orientieren sich auch Lage und Gestalt der Biosphärenhalle, einer 200 Meter langen Stützen-Träger-Konstruktion aus Beton auf rechtwinkligem Grundriss, deren Innenraum stützenfrei ist und mit einer Stahl-Glas-Fassade abschließt. Im Inneren der Halle befinden sich heute die »Biosphäre« – eine Natur-Erlebniswelt – sowie gastronomische Einrichtungen.

3 Ruinenbergkaserne

Adresse
Ruinenbergstraße, Pappelallee

Baujahr
1885–89

Architekten
F. W. Wieczoreck, Pieper

Die von 1885 bis 1889 für das I. Garde-Ulanen Regiment errichtete sogenannte Ruinenbergkaserne umfasst das Karree zwischen Pappelallee, Ruinenbergstraße, An der Einsiedelei und Schlegelstraße. Die Kaserne wurde im neogotischen Stil in rotem Backstein ausgeführt. 1887 wurden zwei Seitenflügel angefügt. Zu der burgähnlichen, repräsentativen Gesamtanlage gehörten Pferdeställe ebenso wie Reithallen und Reitplätze. Rund 700 Soldaten sowie 740 Pferde konnten in dem Komplex untergebracht werden. Nach 1919 waren hier Reichswehr bzw. Wehrmacht stationiert, und ab 1955 war die Ruinenbergkaserne das einzige innerstädtische Objekt, das von der NVA genutzt wurde. Heute ist sie Sitz der Landesverwaltung.

4 Winzerhaus

Adresse
Gregor-Mendel-Straße 25

Baujahr
1847–49

Architekt
Ludwig Ferdinand Hesse

Das 1849 nach Skizzen Friedrich Wilhelm IV. errichtete Winzerhaus, ein Umbau eines vorhandenen Gebäudes, greift in seiner Gestaltung auf das Vorbild antikisierender italienischer Landhäuser zurück. Es liegt an einem zwei Jahre zuvor von Lennè terrassierten Weinberg. Das gestufte, mit Turmgeschoss, Belvedere und Loggia versehene Gebäude wirkt dort mit seiner südlichen Fassadenfront und einem Dreiecksgiebel sehr markant. Das

Winzerhaus und das in unmittelbarer Nähe befindliche Triumphtor sind Fragmente einer unvollendet gebliebenen Triumphstraße. Gegenwärtig wird der Weinberg auf eine private Initiative hin gesichert und saniert.

5 Villa von Arnim

Adresse
Weinbergstraße 20

Baujahr
1859/60

Bauherr
Ferdinand von Arnim

Architekt
Ferdinand von Arnim

Direkt vor den Toren von Sanssouci, am Fuße des Mühlbergs, baute sich Ferdinand von Arnim 1859/60 seine Villa auf einem städtebaulich besonders sensiblen Grundstück, das wegen der direkten Nachbarschaft zum Obeliskentor einem hohen Repräsentationsanspruch genügen sollte. Arnim orientierte sich dabei an seinem Vorbild Persius. Das Stibadium an der südwestlichen Mauernische ist eine direkte Hommage an ihn. Persius'

Meisterschaft der knappen Form konnte er selbst jedoch nicht erreichen: Durch das Walmdach über dem übergiebelten Mittelrisalit, mehrere Vorbauten und den ionischen Portikus mangelt es dem zweigeschossigen Putzbau an kubischer Strenge. Zarte Gesimse, Pilasterrahmungen der Fenster, korinthischen Kapitelle sowie allegorischen Reliefs an der Hauptfassade zeugen von großer Detailfreudigkeit.

6 Wohnhaus des Chinesen Ahok

Adresse
Weinbergstraße 9

Baujahr
1845

Architekt
Ludwig Persius

Das Haus des Chinesen Ahok, ein turmloser Rohziegelbau, zählt zu Ludwig Persius' bescheidensten Bauten. Die Komposition aus zweigeschossigem Haupttrakt mit flachem Satteldach und einem angeschobenen niedrigen, erst später aufgestockten Baukörper entspricht der einfachen italienischen Landhausarchitektur. König Friedrich Wilhelm IV. hatte in seiner höchstpersönlich angefertigten Zeichnung eine zweistöckige Pagode vorgeschwebt, aber sowohl der »chinesische Styl« als auch das von ihm geplante Porzellantürmchen konnten sich nicht durchsetzen. Nichts an dem kleinen Landhaus deutet auf seinen chinesischen Bewohner hin, der gemeinsam mit seinem Landsmann Assing als erster in Deutschland lebender Chinese gilt. Heinrich Heines Briefe berichten von ihnen, und Johann Gottlieb Schadow hielt ihre Gesichter 1823 in Zeichnungen fest.

7 Werner-Alfred-Bad

Adresse
Hegelallee 23

Baujahr
1913, 2003–05

Architekten
**Paul Baumgarten,
Hüppe und Partner (Umbau)**

Die öffentliche Badeanstalt mit Schwimmhalle wurde 1913 von der Frau des Flugpioniers Werner Alfred Pietschker gestiftet. Strenge, rot geputzte Fassaden prägen den dreigeschossigen Baukörper, der ein dominantes, rustikales Eingangsportal mit einem Figurenfries aufweist, das die Naturgewalten zeigt. Der Sockel wurde mit Muschelkalk verkleidet. Die zahlreichen schmalen Fenster entsprachen den jeweiligen Badezellen. Neben den ursprünglich ovalen Schwimmbecken gab es 18 Brause- und 26 Wannenbäder. Auch russisch-römische Bäder und eine medizinische Badeanstalt waren integriert. Nachdem das Haus viele Jahre leerstand, wird es heute als Gesundheitszentrum genutzt. In dem historischen Schwimmbecken befindet sich ein Bioladen. Die originale Beckenverkleidung ist partiell erhalten.

8 Rote Kaserne

Adresse
Nedlitzer Straße

Baujahr
1892–95

Architekt
Robert Klingelhöffer

Die von 1892 bis 1895 für das II. und IV. Garde-Regiment errichtete Rote Kaserne war damals die größte in Potsdam. Ihre Bezeichnung geht auf das Baumaterial – roter Backstein – zurück. Das Ensemble besitzt kein Hauptgebäude, sondern ein Stabsgebäude, vier Mannschafts- sowie zwei Wirtschaftsgebäude. Im hinteren Bereich befinden sich u.a. ein Kammergebäude, der Krankenstall, Exerzierplätze, Pferdeställe und Reithallen. Herausragend

ist hier das Kammergebäude. Dessen Mittelrisalit wird von einer Großskulptur aus Sandstein von Georg Friedrich Boumann bekrönt. Sie schmückte ursprünglich die 1773 errichtete Kaserne des IV. Artillerieregiments am Berliner Kupfergraben. Ende der 1940er Jahre übernahm die Rote Armee die Kaserne. Nach deren Abzug wurden ab 2000 Teile der Anlage zu einem Technologiezentrum für kleine und mittlere Unternehmen ausgebaut.

9 Trauerhalle auf dem jüdischen Friedhof

Adresse
Puschkinallee 18

Baujahr
1911, 1992–96

Architekten
C. Börnstein & Ernst Kopp

1743 wurde der jüdische Friedhof Potsdams an der heutigen Puschkinallee angelegt. Die 1911 errichtete Trauerhalle ist ein Zentralkuppelbau auf achteckigem Grundriss, dessen Vorder- und Rückfassaden als stilisierter Tempel gestaltet sind. Der mit dorischen Säulen als Portikus gefasste Eingang zeigt auch ägyptisierende Gestaltungselemente. Die Räume für die rituelle Waschung und die Leichenaufbewahrung sind nicht, wie sonst in der jüdi-

schen Tradition üblich, in eigenen Gebäuden untergebracht, sondern befinden sich im Sockelgeschoss. Per Aufzug konnten die Särge von dort in die Trauerhalle befördert werden. Letztere wurde im »Dritten Reich« nicht zerstört. Bis auf die Inneneinrichtung ist das Gebäude im Originalzustand erhalten und wurde in den letzten Jahren saniert.

10 Wohnanlage »Am Schragen«

Adresse
**Am Schragen 1–57, Pappelallee 1, 2,
Ruinenbergstraße 1–43**

Baujahr
1923–26

Bauherr
**Gemeinnütziger Beamten-Siedlungsverein
»Vaterland«**

Architekt
Georg Fritsch

Bereits ein Jahr nach seiner Gründung begann 1923 der Gemeinnützige Beamten-Siedlungsverein »Vaterland« mit dem Bau der Wohnanlage »Am Schragen«. Der erfahrene Siedlungsbauer Georg Fritsch passte sie bewusst an das Potsdamer Ortsbild an und entwarf eine Kette zweigeschossiger Reihenhäuser, ein Mehrfamilienhaus entlang der Straße und den Umbau des rückwärtig gelegenen Angers, der dadurch zu einem geschlossenen Platz wurde. Torbauten verbinden die Häuser miteinander, die Erdgeschosswohnungen sind durch Lauben erweitert. Die Häuser waren in Anlehnung an die Farbgestaltungen Bruno Tauts in den Farben Blau, Gelb, Orange, Erdbeerfarben, Goldbraun und Grün gestrichen. Bis 1992 von sowjetischen Truppen genutzt, wurde die Anlage nach einer umfassenden denkmalgerechten Sanierung wieder ihrer zivilen Bestimmung übergeben.

11 Russische Kolonie Alexandrowka

Adresse
Alexandrowka 1–13

Baujahr
1826–27

Bauherr
König Friedrich Wilhelm III.

Architekten
**Peter Joseph Lenné,
Adolf Carl Leonhard Snethlage**

Friedrich Wilhelm III. ließ 1827 im Angedenken an Zar Alexander I. und die Freundschaft zu ihm die russische Kolonie Alexandrowka errichten. Ehemalige russische Kriegsgefangene, die zwecks Bildung eines Soldatenchors als Kolonisten angesiedelt worden waren, wohnten hier. Peter Joseph Lenné entwarf die Anlage in Form eines Hippodroms mit eingelegtem Andreaskreuz. Die wie Blockhäuser anmutenden zwölf Gehöfte mit Satteldach und dazugehörigem Stall sind jedoch verschalte Fachwerkgebäude mit Schnitzwerk als Verzierung. In den großen Nutzgärten wurden zahlreiche historische Obstsorten kultiviert. Den Bau der russisch-orthodoxen Kapelle auf dem Kapellenberg beaufsichtigte Karl Friedrich Schinkel. Das wahrscheinlich weltweit einzige Beispiel eines romantisch aufgefassten russischen Kunstdorfes wurde 1999 in die Welterbeliste der UNESCO aufgenommen.

12 Garde-Ulanenkaserne

Adresse
Jägerallee 23

Baujahr
1867–68, 1999–2002

Bauherr
König Friedrich Wilhelm IV.

Architekten
**Ludwig Persius, Art Ing. Generalplanung,
Erich Schneider-Wessling, Barbara Mohren,
Hüppe und Partner, Marcel Adam**

Friedrich Wilhelm IV. bestand, als er Ludwig Persius mit dem Entwurf für eine neue Ulanenkaserne beauftragte, auf normannischem Burgenstil. Persius plante ein einheitliches Ensemble mit den Unterkünften für 720 Mann, einer überdachten Reitbahn, einer Waffenmeisterei, Pferdeställen und einem Lazarett. Der mehrgeschossige Rohziegelbau mit vorspringenden Mittel- und Seitenrisaliten wurde ab 1867 realisiert. Eine Zinnenkrone und Türme verstärken den Wehrcharakter. 1945 zog das sowjetische Militär in den Komplex ein. Heute wird er von der Deutschen Kreditbank genutzt; im Hofbereich mit den ehemaligen Reithallen und Pferdeställen wurde nach umfangreicher Sanierung und Umbau ein Oberstufenzentrum angesiedelt. Unter Erhalt der historischen Substanz wurde ein zusätzliches Untergeschoss eingeführt. Die Anlage erhielt 2003 den Brandenburgischen Architekturpreis.

13 Unteroffiziersschule

Adresse
Jägerallee 10–12

Baujahr
1826–28, 2007

Bauherr
König Friedrich Wilhelm III.

Architekt
**Karl Hampel
(nach Plänen von Karl Friedrich Schinkel)**

Die schönste und modernste seiner Kasernen gründete Friedrich Wilhelm III. 1824 in der Jägerallee. Das dortige Infanterie-Lehr-Bataillon sollte den chronischen Mangel an Nachwuchs für die preußische Armee beseitigen und das überalterte Offizierschorps verjüngen. Karl Hampel baute den dreigeschossigen Putzbau nach Plänen von Karl Friedrich Schinkel mit einem sehr akzentuierten Mittelrisalit. Fünf große, als Loggien gestaltete Fenster über dem Eingang betonten ursprünglich die Fassade. Doch Umbauten und Erweiterungen veränderten das Gebäude stark und entstellten die originale Konzeption. Nur die dorischen Pfeiler und Säulen an den Fensterrahmungen sowie einige Details im Innern lassen auch heute noch den Schinkelschen Entwurf erkennen. Künftig wird das Potsdamer Justizministerium die einstige Kaserne nutzen.

14 Villa von Haacke

Adresse
Jägerallee 1

Baujahr
1847–48

Bauherr
Graf Albert von Haake

Architekten
**Eduard von Gebhardt,
Ferdinand von Arnim (Bauleitung)**

Der Königliche Platz-Major Graf Albert von Haacke ließ sich sein Wohnhaus unmittelbar vor dem Jägertor, am Beginn der Jägerallee, bauen. Der wahrscheinlich von Eduard von Gebhardt stammende Entwurf für den zweigeschossigen Putzbau, der auf einem L-förmigen Grundriss errichtet wurde, ist unschwer als ein Werk der Schinkelschule zu erkennen. Die Hauptfassaden zur Hegel- und zur Jägerallee zeigen die typischen Formen des Spätklassizismus. Den eigentlichen Blickfang jedoch bildet der achteckige, die Ecksituation unterstreichende Turmanbau mit einer großzügigen Pergolaeinfassung und Rundbogenfenstern. Filigraner Terrakottaschmuck überzieht sein Obergeschoss. Militärische Motive auf den Relieffliesen zeugen vom Bauherren der Villa, einem preußischen Offizier adeliger Herkunft.

15 Amtsgericht

Adresse
Hegelallee 8

Baujahr
1880–83, 1908

Bauherr
Ministerium der öffentlichen Arbeiten

Architekten
Karl Friedrich Endell, Heinrich Herrmann

Das nach Plänen von Karl Friedrich Endell und Heinrich Herrmann errichtete Potsdamer Landgericht wurde 1883 eingeweiht. Wie ein massiver italienischer Renaissancepalast verfügt der dreigeschossige Bau über einen Sockel und ein Erdgeschoss aus Sandstein. Das Obergeschoss ist hingegen mit roten Klinkern verblendet. Die Fassade wird von einem breiten Mittelrisalit dominiert und enthält ein umlaufendes farbiges Mosaik aus Terrakotta der Firma Villeroy & Boch. In den Nischen der Eingangsfassade stehen Statuen von König Friedrich II. und Kaiser Wilhelm I. In der Zeit zwischen 1952 und 1990 nutzte die Staatssicherheit der DDR das Gebäude. Sie fügte im hinteren Bereich des Grundstücks einen jeden Maßstab sprengenden Neubau hinzu. Nach umfassender Sanierung des historischen Gebäudes arbeitet hier heute das Potsdamer Amtsgericht.

16 Rathaus / Stadtverwaltung

Adresse
Friedrich-Ebert-Straße 79–81

Baujahr
1902–07

Bauherr
Stadt Potsdam

Architekten
Paul Kieschke, Baurat Bohnstedt, Baurat Saran, Bauinspektor von Saltzwedel

Das über zwei Jahrzehnte geplante, aber erst nach dem Tod des Architekten Paul Kieschke fertiggestellte neue Regierungsgebäude wurde 1907 der Potsdamer Öffentlichkeit übergeben. Der mächtige wilhelminisch-neobarocke Bau mit Mansarddach und vier Innenhöfen zitiert zahlreiche friderizianische Elemente. Das großzügige Haupttreppenhaus führt im ersten Obergeschoss zum großen ovalen Sitzungssaal, über dem sich eine kupfergedeckte Kuppel mit Laterne erhebt. Das gesamte Gebäude unterlag dem Grundsatz strikter Trennung der Dienstbereiche von solchen mit Publikumsverkehr. Im östlich anschließenden Gebäudeteil war die Dienstwohnung des Regierungspräsidenten untergebracht. Heute beherbergt das ehemalige Regierungsgebäude die Potsdamer Stadtverwaltung.

17 Villa von Quistorp

Adresse
Hegelallee 1

Baujahr
1872

Bauherr
Heinrich Quistorp

Architekt
Ernst Petzholtz

Hofbaumeister Ernst Petzholtz errichtete die zweigeschossige Villa in der Nauener Vorstadt 1872 für den Berliner Senator Heinrich Quistorp. Der wohlproportionierte spätklassizistische Putzbau ist von einem umlaufenden Kranzgesims und sparsam eingesetztem Dekor geprägt. Das Gebäude und seine exponierte Lage an der Straßenecke zu betonen, wurde durch einen stark hervortretenden, zylinderförmigen Balkonerker erreicht. Dieser runde Erker und auch der asymmetrisch angesetzte Turm verleihen dem Haus reizvolle Akzente, die durch ein palladianisches Koren-Motiv im Obergeschoss des Turms noch unterstrichen werden. Den reich geschmückten Dreiecksgiebel darüber verwendete Petzholtz an vielen seiner späteren Gebäude in ähnlicher Weise immer wieder. Die Turmvilla wird heute als Bürogebäude genutzt.

18 Landgericht

Adresse
Friedrich-Ebert-Straße 32

Baujahr
1886–87

Bauherr
**Deutsche Lebens-, Pensions- und Renten-
versicherungsgesellschaft**

Architekt
Heino Schmieden

1887 eröffnete die Deutsche Lebens-, Pensions- und Rentenversicherungsgesellschaft ihr neues Gebäude. Mit der Planung hatte sie den bis 1880 mit Martin Gropius in einer Bürogemeinschaft arbeitenden Heino Schmieden beauftragt. Dieser entwarf einen dreigeschossigen Putzbau im Stil italienischer Renaissancepaläste auf stumpfwinkligem Grundriss. Kraftvolle Rustizierungen, Risalite, Attiken und Balkone beleben und gliedern die Fassade. Der zum übrigen Bau deutlich abgesetzte, mächtige Eingangsportikus wird zusätzlich durch eine große Attika, Säulen und eine Karyatide bzw. einen Atlas betont und bildet an der Straßenkreuzung eine eindrucksvolle städtebauliche Dominante. 1950 erfolgte ein Ausbau des Dachgeschosses. Heute befindet sich in dem Gebäude das Landgericht Potsdam.

19 Gebäude der Freimaurerloge

Adresse
Kurfürstenstraße 52

Baujahr
1879, 1899

Bauherr
Carl Schöning

Architekten
vermutlich Ende und Beckmann

In der Kurfürstenstraße errichtete die Freimaurerloge »Teutonia zur Weisheit« ihr neues Logenhaus. Kein Geringerer als der spätere Kaiser Friedrich III. weihte es 1881 ein. Die gesellschaftliche Bedeutung der Loge spiegelt sich auch in dem repräsentativen Charakter des zweigeschossigen Neorenaissancegebäudes wider. Den Eingang betont ein mit Säulen gefasstes Portal. Die Innenräume sind großzügig angelegt: Der Saal im ersten Obergeschoss verläuft über den gesamten Mittelteil des Gebäudes. Er wird durch mehrere Gesellschaftsräume, eine Bibliothek und ein Restaurant ergänzt. 1935 wurde die Loge aufgelöst und das Gebäude an die Stadt übertragen. Erst 1994 erfolgte die Rückübertragung an die »Loge zu den drei Weltkugeln«. Neben ihr nutzt auch die Brandenburgische Architektenkammer die Räume.

20 Palais Lichtenau

Adresse
Behlertstraße 31

Baujahr
1796–97

Architekt
**Michael Philipp Daniel Boumann
(Mitwirkung Carl Gotthard Langhans d. Ä.)**

Der eingeschossige Putzbau mit Mansarddach wurde 1797 für Wilhelmine Enke, die Geliebte Friedrich Wilhelm II. und spätere Gräfin Lichtenau, errichtet. Umlaufende Friese markieren die Geschossteilung und verweisen auf Brandenburger Herren- und Gutshäuser als Vorbild. Das Gebäude wird von der Gartenseite aus erschlossen. Auf einen Entwurf Johann Gottfried Schadows soll das Relief in der Attika des straßenseitigen Risalits zurückgehen: eine auf Potsdam bezogene allegorische Darstellung mit Apoll und Herkules, die vier Jahreszeiten, die Ernte, die Stadtgöttin und den Flussgott. Im Innern des Wohnhauses sind ein Festsaal mit reicher Wand- und Deckendekoration sowie ein ovales Kabinett und ein holzgetäfeltes Zimmer mit geschnitzten Ornamenten hervorzuheben. Die Gräfin Lichtenau wohnte bis 1801 in dem heute leerstehenden Gebäude.

21 Ehemalige Auguste-Victoria-Pfingsthaus-Stiftung

Adresse
Große Weinmeisterstraße 49–49c

Baujahr
1851, 1854, 1893

Architekt
Ludwig von Tiedemann

Auf dem 1817 zu Pfingsten durch Friedrich Wilhelm III. erworbenen Grundstück wurde 1851 ein »Rettungshaus zur Erziehung und Besserung sittlich verwahrloster Jungen« errichtet. 1893 entstand ein von Kaiserin Auguste Viktoria gestifteter größerer Neubau. Das am Fuß des Potsdamer Pfingstbergs gelegene Ensemble bietet heute einen malerischen Anblick. Die neugotische Pfingstkirche von 1854 ist wie die übrigen Gebäude von schlichtem Äußeren. Auf dem tief heruntergezogenen steilen Satteldach steht ein großer spitzer Dachreiter. Sehenswert sind auch zahlreiche Farbglasfenster mit Heiligendarstellungen und Szenen aus dem Leben Jesu. 1930 wurde die Anstalt wegen zu geringer Auslastung aufgelöst und nach dem II. Weltkrieg durch den KGB genutzt. Nach dessen Abzug kehrte 1998 mit einer Evangelischen Grundschule neues Leben ein.

22 Wohnanlage des Beamten-Wohnungsvereins

Adresse
**Hessestraße 1–19, Kleine Weinmeister-
straße 1–13, Puschkinallee 1–43**

Baujahr
1904–22

Bauherr
Beamtenwohnungsverein zu Potsdam e. G.

Architekten
Paul Muster, Hans Hermann Blohm

Der Potsdamer Beamten-Wohnungsverein verband hohe Ansprüche an Architektur und Städtebau mit Belangen moderner Wohnqualität und gesunder Lebensweise. Alle Wohnungen der Siedlung verfügten von Anfang an über Wasseranschluss und Innen-WC, die meisten über ein Bad, einen Balkon oder eine Loggia. Man legte Vorgärten und Höfe an und parzellierte Hinterland, um Nutzgärten an Mitglieder zu verpachten. Charakteristisch für den 1. Bauabschnitt der einzeln stehenden Mietshäuser, die sich dem Villencharakter des Umfeldes anpassen, sind barocke, vor allem aber Formen des Jugendstils. Variierende Ziergiebelgestaltungen wirken als Blickfang. Der 2. Bauabschnitt ab 1914 wurde trotz des Weltkriegs genehmigt. Die Gestaltung griff Muthesius' englischen Landhausstil auf, doch die kriegsbedingte Notlage erforderte ein bescheideneres Bauen kleinerer Häuser mit kleineren Wohnungen. Der 3. und letzte Bauabschnitt endete 1922.

23 Belvedere auf dem Pfingstberg

Adresse
Pfingstberg

Baujahr
1849–52, 1860–63

Bauherr
König Friedrich Wilhelm IV.

Architekten
**Friedrich Wilhelm IV., Ludwig Persius,
Ludwig Ferdinand Hesse,
Friedrich August Stüler**

Das Pfingstbergbelvedere wurde in zwei Phasen errichtet. Es ist in seiner heutigen Form ein Fragment einer geplanten großen Terrassenanlage mit Casino und Kaskaden, die bis in den Neuen Garten reichen sollte. Erste Entwürfe von Persius gingen auf Ideenskizzen Friedrich Wilhelm IV. zurück, die nach Persius' Tod durch Stüler und Hesse weiterentwickelt wurden. Zunächst entstand eine Doppelturmanlage im Stil der italienischen Renaissance mit Wasserreservoir im Innenhof und großzügigen Kolonnaden. Im Innern gab es nur zwei nutzbare geschlossene Räume: ein »maurisches« Kabinett im Nord- und ein »römisches« im Südturm. Ab 1860 wurde die Anlage nach Entwürfen Stülers durch eine Pfeilerhalle geschlossen. Die gärtnerische Gestaltung des Umfelds übernahm Lenné. Die in der DDR stark zerstörte Anlage wird seit Ende der 1980er Jahre durch Bürgerengagement gesichert und erhalten.

24 Villa Henckel

Adresse
Große Weinmeisterstraße 43

Baujahr
1868–70

Bauherr
Hermann Henckel

Architekten
**vermutlich Eduard Titz,
Ernst Petzholtz**

Der Berliner Bankdirektor Hermann Henckel ließ seine Villa in der Nauener Vorstadt in der Sichtachse des Pfingstberg-Belvederes errichten. Mit ihr entstand die erste Turmvilla nach der Regierungszeit Friedrich Wilhelm IV. Das spätklassizistische Gebäude ist mit vielfältigen Gestaltungselementen ausgestattet: Pilaster und Medaillons schmücken die Fassade, ein doppelgeschossiger Risalit mit Halbsäulen und Karyatiden betont den Eingang. Der Kunstgärtner Carl Vollert plante den großzügigen Park unter Einbeziehung einer Grotte und eines frühklassizistischen Winzerhauses. Teile des Parks sind inzwischen der Stiftung Preußische Schlösser und Gärten übereignet worden und sollen historisch getreu wiederhergestellt werden. Die Villa wechselte häufig Besitzer und Nutzung. Heute ist sie wieder in Privatbesitz und wird saniert.

25 Kaiserin-Augusta-Stift

Adresse
Am Neuen Garten 29–32

Baujahr
1900–02

Bauherr
Kaiserin-Augusta-Stiftung

Architekt
Arthur Kickton

Die 1872 gegründete Stiftung sollte Kriegswaisen, hier »höheren Töchtern«, ein Zuhause geben. Die Gesamtanlage besteht aus einem Haupttrakt sowie je einem Nord- und Südflügel, in denen sich Wohn- und Schlafräume für Mädchen, die Erzieherinnen und das Personal befanden. Im dem Neuen Garten zugewandten Trakt waren der Speisesaal und die Apsiskapelle untergebracht. Zum Hof schließt sich eine Turnhalle und am Nordflügel ein stiftseigenes Krankenhaus an. Das neugotische Gebäude erinnert mit seinen hohen Schornsteinen, dem Turm des Südflügels, dem Glockentürmchen auf dem Kapellendach und dem Uhrenturm oberhalb der Turnhalle an eine normannische Burg. Nach dem II. Weltkrieg wurde das gesamte Quartier durch den russischen Geheimdienst KGB beschlagnahmt. Heute entstehen in dem nun wiederhergestellten Gebäude hochwertige Eigentumswohnungen.

26 Landhäuser (Estorff-Siedlung)

Adresse
Am Neuen Garten, Langhansstraße

Baujahr
1929–35

Architekten
Otto von Estorff & Gerhard Winkler

Zwischen 1929 und 1939 errichteten von Estorff und Winkler in Zusammenarbeit mit den Gartenarchitekten Karl Foerster und Hermann Mattern zwischen Langhansstraße und Neuem Garten eine Landhausanlage mit insgesamt 36 Häusern. Charakteristisch für die von 1929 bis 1935 errichteten Häuser an der Straße am Neuen Garten sind ein- und zweigeschossige Baukörper mit Walmdächern, die sich zurückhaltend in die gärtnerische Umgebung einpassen. Das Haus Nr. 36 a bewohnte von Estorff selbst. Die Bauten in der Langhansstraße 2–4 aus den Jahren 1935–39 zeigen dagegen deutlich Elemente des Heimatschutzstils der NS-Zeit: strenge Symmetrie in der Anordnung sowie steile Satteldächer, Fledermaus- oder Zwerchgauben und Balkone aus Holz.

27 Villa Gutmann

Adresse
Bertinistraße 16–16 a

Baujahr
2. Hälfte des 18. Jahrhunderts, 1920–26

Bauherr
Herbert M. Gutmann

Architekten
u.a. Reinhold Mohr

1919 kaufte der Bankier Herbert Gutmann eine Villa aus dem 18. Jahrhundert und erweiterte sie bis 1926 für seine umfangreiche Kunstsammlung schrittweise auf schließlich 80 Räume. Ihre äußere Gestalt ist neobarock. Origineller geriet die funktional und gestalterisch aufwendige Innenausstattung, darunter eine vollständig holzverkleidete expressionistische Turnhalle mit einem Familienwandbild von Rudolf Hengstenberg. 1921 entwarf Reinhold Mohr einen Anbau für das »Arabicum«, eine in Damaskus erworbene prachtvolle orientalische Raumausstattung aus dem 18. Jahrhundert. 1936 emigrierte die jüdische Familie Gutmann nach England, 1939 wurde die Villa zwangsverkauft. Nach dem Krieg befand sich darin ein Altersheim. Das Haus, das lange leerstand bzw. besetzt war und zunehmend verfiel, wird heute saniert und wieder als Wohnhaus genutzt.

Brandenburger Vorstadt / Potsdam West / Park Sanssouci

Lindstedter Weg

Maulbeerallee

25

23

Hauptallee

Am Neuen Palais

26

Park Sanssouci

Ökonomieweg

Lindenavenue

24

17

A. n. Sanssouci

18

21

Zimmerstr.

22

Lennéstraße

13

Feuerbachstraße

Zeppelinstraße

20

Breite Straße

16

19

Hans-Sachs-Str.

10

12

Nansenstr.

11

15

Neustädter
Havelbucht

Am Wildpark

3

Geschwister-Scholl-Str.

Kastanienallee

Schillerplatz

14

Wielandstr.

Auf dem Kiewitt

Schlüterstr.

9

8

2

Wildpark

Immenseestr.

Sonnenlandstr.

Im Bogen

Knobelsdorfstr.

Stadtheide

Stormstraße

Zeppelinstraße

7

6

1

4

5

Havel

Schopenhauerstr.

Die **Brandenburger Vorstadt** betreten wir aus der Innenstadt kommend durch das Brandenburger Tor. Sie erstreckt sich jenseits der Schopenhauerstraße zwischen dem Havelufer und dem Park Sanssouci. Ihre Erschließung begann im 17. Jahrhundert mit einer Landschaftsallee, deren Richtung sich heute noch im Verlauf der Lennéstraße wiederfindet. Die eigentliche Entwicklungsachse der Vorstadt in Richtung Brandenburg gab aber die heutige Zeppelinstraße vor.

In der ersten Hälfte des 18. Jahrhunderts trug das Areal um Lenné- und Feuerbachstraße einen von Gärten und Meiereien bestimmten ländlichen Charakter. Im 19. Jahrhundert entwickelte sich Potsdam zu einer Militär- und Verwaltungsstadt. Die Garde-Ulanen-Kaserne sowie Villen hoher Offiziere und Beamter legen davon Zeugnis ab. Etwa ab 1850 wurde das Areal bis zur heutigen Geschwister-Scholl-Straße geschlossen mit mehrgeschossigen Mietshäusern bebaut.

Anfang des 20. Jahrhunderts entstanden im Zuge der Erschließung der Stadtheide zahlreiche Siedlungen wie »Im Bogen«, »Stadtheide«, »Sonnenland« oder »Am Schillerplatz«. Sie waren noch immer der bisherigen Potsdamer Bautradition verpflichtet. Nicht mehr auf diese Tradition bezogen sich dagegen das 1967 erbaute Plattenbauensemble »Auf dem Kiewitt« und das 1971 begonnene Neubaugebiet **Potsdam West**. Den vorläufigen Abschluss der Entwicklung der Brandenburger Vorstadt markiert das Ensemble aus Hotel-, Büro- und Tagungsbauten am Luftschiffhafen.

Nordwestlich der Brandenburger Vorstadt liegt der berühmteste Teil der Potsdamer Schlösser- und Parklandschaften: der **Park Sanssouci**.

Am Anfang befand sich hier lediglich ein unbedeutender Küchengarten des Soldatenkönigs, ironisch nach dem berühmten Park Louis XIV. »Marly-Garten« benannt. Mit dem Bau eines Schlosses, eines Lustgartens und der Anlage eines terrassierten Weinberges in barocker Manier mit mittelachsiger Treppe und verglasten Treibhäusern begann dort die Entwicklung des Gesamtkunstwerks Sanssouci aus Gartenanlagen und Bauwerken. Friedrich der Große beauftragte 1744 Knobelsdorff mit den Planungen, nicht ohne selbst wesentlichen Einfluss auf die Gestaltung zu nehmen.

Sanssouci war seit dieser Zeit die Sommerresidenz der preußischen Könige und deutschen Kaiser. Ohne eine ausgesprochen politische Repräsentationsfunktion, war der Park von Beginn an aber auch ein Volkspark und für jedermann zugänglich. Im Ensemble mit dem Park Babelsberg, dem Neuen Garen, dem Pfingstberg, Sacrow, Klein Glienicke und der Pfaueninsel gehört er seit 1990 zum UNESCO-Weltkulturerbe.

Der dem »Weinbergschloss« südlich vorgelagerte Lustgarten wurde ab 1745 in mehreren Etappen mit einer Abfolge von Rondellen, Fontäne, Skulpturen und Bassins weiterentwickelt. 1763 entstand im westlichen Bereich das Neue Palais, und die Trennung zwischen dem östlichen Lustgarten und dem westlichen »Rehgarten« wurde durch eine neue Hauptallee überwunden.

Ab 1816 erfolgte unter Lenné die Entwicklung zum Landschaftsgarten. Größere und ungeteilte Rasenflächen mit Baumgruppen, Hainen und Einzelbäumen wurden in die Landschaft komponiert, Gebäude freigestellt und in die Landschaft einbezogen, ferner wurde das Wegenetz sowohl nach ästhetischen als auch nach praktischen Gesichtspunkten neu geordnet. Auch das bauliche Ensemble wurde stetig ergänzt und erweitert: beispielsweise 1825 mit Schloss und Park Charlottenhof sowie anschließend den Römischen Bädern, 1826 mit den »Neuen Anlagen« zwischen Neuem Palais und Belvedere und 1841 mit der Fasanerie. 1844 wurde die Friedenskirche errichtet und gestaltete Lenné den Marly-Garten zu einem reizvollen Landschaftspark um. Um 1857 entstanden der Nordische und der Sizilianische Garten, 1859 die Neue Orangerie. Damit waren die Arbeiten am nunmehr 290 Hektar großen Areal abgeschlossen, und das Ensemble präsentierte sich in seiner bis heute gültigen Gestalt.

Nach der Novemberrevolution 1918 ging der Besitz der Hohenzollern an den preußischen Staat über. Heute wird er von der Stiftung Preußische Schlösser und Gärten Berlin-Brandenburg verwaltet.

1 Hotel Bayrisches Haus

Adresse
Im Wildpark 1

Baujahr
1847

Bauherr
König Friedrich Wilhelm IV.

Architekt
Ludwig Ferdinand Hesse

Das 1847 auf dem höchsten Punkt des Wildparks binnen 90 Tagen errichtete Bayrische Haus war ein Geburtstagsgeschenk Friedrich Wilhelms IV. für seine aus Bayern stammende Frau Elisabeth. Es handelt sich um ein im Tegernseer Stil gebautes Alpengebirgshaus mit weit überstehendem, flach geneigtem Satteldach und umlaufender Holzgalerie und ahmt mit seiner verschalten Fachwerkkonstruktion ein Blockhaus nach. Kein Geringerer als Schinkel hatte diesen Schweizer Stil bereits 1830 auf der Pfaueninsel eingeführt. 1986 wurde das zwischenzeitlich auch als Offizierskasino und Ausbildungsstätte genutzte Gebäude als SED-Gästehaus eingerichtet und durch einen Erweiterungsbau stark verändert. Heute ist das ehemalige Sommerhaus der Königin Hotel und Restaurant.

2 Eigenheimsiedlung am Wildpark

Adresse
Forststraße, Schlüterstraße, Im Bogen

Baujahr
1934–39

Bauherr
Beamtenwohnungsverein zu Potsdam e. G.

Architekten
**Hans Hermann Ludwig Blohm,
Heinrich Laurenz Dietz**

1927 kaufte der Beamten-Wohnungsverein ein dreißig Hektar großes Gelände am Wildpark und plante dort eine Siedlung von Eigenheimen mit Hausgärten, die erstmalig auch an Mitglieder verkauft werden sollten. Beginnend an der Forst- und Gontardstraße entstanden nach Entwürfen des Vereinsarchitekten Blohm 84 ein- und zweistöckige Eigenheime mit Vorgärten. Aufgrund der großen Nachfrage wurde die Siedlung ab 1937 um 35 Häuser erweitert. So entstand eine Siedlung mit einheitlicher Bebauung, bestehend aus drei Reihenhauszeilen und zweigeschossigen Doppelhäusern als Eckbauten sowie dazwischen eingeschossigen Einfamilienhäusern. Die paarweise Anordnung der Haustüren und der rhythmische Wechsel der Dachhöhen erzeugen eine starke Gliederung der langen Häuserreihen und verleihen dem Ensemble ein ländlich-gartenstädtisches Gepräge.

3 Kaiserbahnhof (DB-Akademie)

Adresse
Am Neuen Palais 1

Baujahr
1904, 1909

Bauherr
Kaiser Wilhelm II.

Architekt
Ernst von Ihne

1838 eröffnete die erste Bahnverbindung Berlin–Potsdam, 1844 wurde sie bis Magdeburg verlängert. An dieser Strecke erfolgte 1868 der Bau des Bahnhofs Wildpark, heute »Bürgerbahnhof« genannt. Dieser eingeschossige Ziegelfachwerkbau ist heute das älteste erhaltene Bahnhofsgebäude in Potsdam. Doch als Anfang des 20. Jahrhunderts Hofarchitekt Ernst von Ihne auf Wunsch Wilhelms II. in unmittelbarer Nachbarschaft eine neue Station im englischen Landhausstil errichtete, verlor die alte Anlage ihre Aufgabe. Die tonnengewölbte Bahnhofshalle des »Kaiserbahnhofs« besteht aus einer 88 Meter langen holzverkleideten Stahlkonstruktion. Im Innern befinden sich u.a. zwei Wartesäle, darunter der aufwendig gestaltete »Kaisersaal« mit Paneelen und einem Kamin. Seit 1999 als UNESCO Weltkulturerbe eingetragen, wurde das Ensemble ab 2002 durch die Deutsche Bahn zur Führungsakademie umgebaut, erweitert und restauriert.

4 Regattahaus und Tribüne

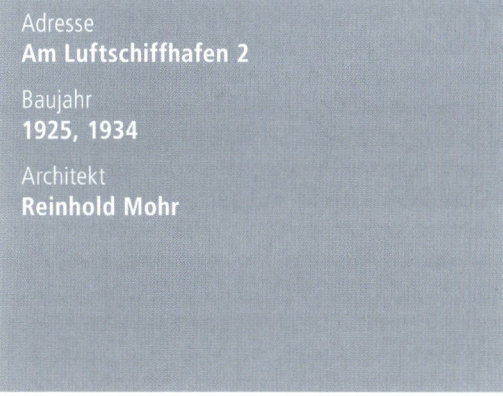

Adresse
Am Luftschiffhafen 2

Baujahr
1925, 1934

Architekt
Reinhold Mohr

1924 erwarb die Stadt Potsdam das Areal eines früheren Luftschiffhafens und realisierte dort eine große Freizeitsport- und Parkanlage u.a. mit Stadion, Regattastrecke, Freibad, Fußball- und Hockeyplätzen, Festhalle, Schießanlage und Yachthafen. Von den historischen Objekten mehr oder weniger erhalten sind ein direkt am Wasser gelegener halbrunder Musikpavillon aus dem Jahr 1932, die Tribüne des Stadions sowie das 1925 als Restaurant »Seehaus« errichtete sogenannte Regattahaus am Templiner See – seinerzeit ein beliebter Ausflugsort. Ein auffälliges Merkmal dieses expressionistischen zweigeschossigen Holzgebäudes mit Bretterverschalung sind seine trapezförmigen Fenster. Im Erdgeschoss waren ein Saal und die Küche angeordnet, im Obergeschoss befand sich eine ursprünglich offene Weinterrasse, darüber ein Aufbau mit Büros der Regattaleitung.

5 LBS-Verwaltungsgebäude

Adresse
Am Luftschiffhafen 1

Baujahr
1993–96

Bauherr
Ostdeutsche Landesbausparkasse AG

Architekten
Pysall, Stahrenberg & Partner

Die Ostdeutsche Landesbausparkasse baute Mitte der 1990er Jahre am ehemaligen Luftschiffhafen ihr neues Verwaltungs- und Weiterbildungszentrum. Nach einem bundesweit ausgerufenen Wettbewerb entstand ein Komplex aus fünf mehrgeschossigen, stark gegliederten Bauten, die teilweise auf Stelzen errichtet sind. Im Erdgeschoss befinden sich Versorgungs- und Freizeiteinrichtungen. Dem historischen Ort verpflichtet, sollen die bis zu 135 Meter langen Gebäude an parkende Luftschiffe erinnern. Die Stahlbetonkonstruktion ist mit einer aufwendigen Glasfassadengestaltung kombiniert und weist zum Templiner See hin schräge Glasdächer auf. Der Blick wird zum Uferbereich gelenkt. Eine historische, unter Denkmalschutz stehende ehemalige Reparaturhalle für Luftschiffe wurde in das moderne Ensemble integriert.

6 Siedlung Stadtheide

Adresse
Zeppelinstraße 83–107, Stadtheide 1–38, Im Bogen 1–4

Baujahr
1919–23

Architekten
Heinrich Peter Kaiser, Heinrich Dreves, Hans Kölle

Das zweite umfangreiche Potsdamer Siedlungsprojekt nach dem II. Weltkrieg wurde in mehreren Bauabschnitten im Quartier zwischen Zeppelinstraße, Im Bogen und Stadtheide realisiert. Die Architekten planten zweigeschossige axialsymmetrische Häuserzeilen mit dreigeschossigen Kopfbauten. Die einheitlich gestaltete Siedlung setzt sich stark von ihrer Umgebung ab. Dabei bildet der Straßenzug Stadtheide mit seinen farbigen, eingeschossigen Einfamilienhäusern, den hervortretenden Fachwerkgiebeln in der Formensprache des Heimatschutzstils und den großen Gärten sowie durch seine heterogene Struktur einen Gegensatz zur Architektur der übrigen Siedlung. In deren Zentrum befindet sich eine größere Platzanlage, die mit einem Ladengeschäftshaus in Achsstellung an einen Marktplatz erinnert. Am Platz finden sich ebenfalls Mehrfamilienhäuser mit farbigen Fassaden.

7 Villa Ingenheim

Adresse
Zeppelinstraße 127–128

Baujahr
um 1850

Architekt
Gustav Adolf Fintelmann (Park)

Die um 1850 errichtete zweigeschossige, fünfachsige klassizistischen Villa Ingenheim befindet sich in einem ursprünglich bis an die Havel reichenden, etwa zehn Hektar großen, vom Hofgartendirektor Gustav Adolf Fintelmann 1907 gestalteten Landschaftspark. Eckrisalite und eine Freitreppe zum See wurden nach 1860 angebaut. Ab 1894 befand sich die Villa, die ihren Namen nach den ersten Besitzern erhielt, im Besitz des Kaisers, und ab 1906 wohnte Prinz Eitel Friedrich darin. Dieser baute seinen Wohnsitz aus und erweiterte ihn um einen Kavaliersflügel, einen Verbindungsbau sowie das markante Gebäude mit Fachwerkgiebeln entlang der Straße, des weiteren um ein Beamtenhaus, einen Marstall und eine Reithalle. Heute nutzt die Bundeswehr den Gebäudekomplex, die hier u.a. das Militärgeschichtliche Forschungsamt untergebracht hat.

8 Städtisches E-Werk

Adresse
Zeppelinstraße 135

Baujahr
1901/02, 1930/31, 1999

Bauherr
AEG

Architekten
AEG Bauabteilung, Georg Klingenberg, Kühnel + Kohlmaier

Der AEG-Architekt Georg Klingenberg baute 1902 an der Potsdamer Havel eines der ersten Drehstromkraftwerke in Deutschland. Das durch Klärschlammverbrennung betriebene Kraftwerk wurde bis 1914 mehrfach erweitert. Im Zentrum des Werks befand sich die Schaltwarte der städtischen Elektrizitätswerke. Diese wurde 1931 im Stil des »Neuen Bauens« mit einem zentralen Innenraum auf einem 13 × 8 Meter großen ovalen Grundriss umgebaut und mit einem Oberlicht versehen. Noch heute sind auf der Havelseite Fassadenteile zu sehen, die von der inzwischen stillgelegten Anlage aus Ziegelbauten mit ihren sichtbaren Eisenkonstruktionen übriggeblieben sind. 1999 wurde ein neues Umspannwerk an der Zeppelinstraße errichtet, das hinsichtlich Materialwahl und Kubatur mit der historischen Bebauung korrespondiert und zur Straße hin mit einem Schauraum ausgestattet wurde.

9 Ehemalige Dampfmahlmühle

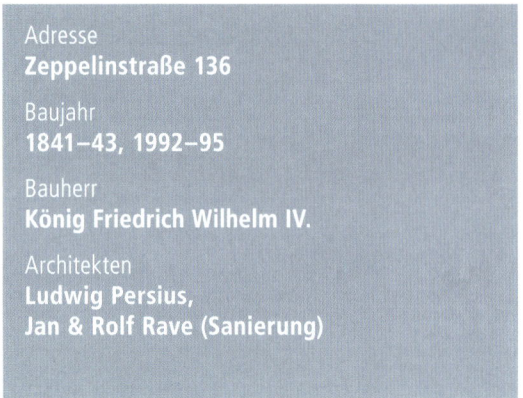

Adresse
Zeppelinstraße 136

Baujahr
1841–43, 1992–95

Bauherr
König Friedrich Wilhelm IV.

Architekten
**Ludwig Persius,
Jan & Rolf Rave (Sanierung)**

Um dem Ruf seiner Residenzstadt Potsdam auch als Industriestandort gerecht zu werden, betätigte sich Friedrich Wilhelm IV. schon kurz nach Regierungsantritt als Fabrikbauherr. Seinen Architekten Ludwig Persius beauftragte er damit, in der Brandenburger Vorstadt direkt an der Havel ein »Dampfmahlmühlen-Etablissement« der Königlich-Preußischen Seehandlung zu entwerfen. Persius plante einen gewaltigen fünfgeschossigen, zinnenbekrönten Komplex auf H-förmigem Grundriss, der durch offene Arkadengänge mit zwei vorgelagerten Beamtenwohnhäusern verbunden ist. Mit ihren repräsentativen Eingangsarkaden mutet die zur Stadt gerichtete Seite der Mühle vornehm und palastartig an, die Havelseite dagegen romantisch und trotzig. Mit der Anlage fand der sogenannte normannische Burgenstil Eingang in den Industriebau. Insbesondere der fast malerisch wirkende Mitteltrakt mit seiner lockeren, asymmetrischen Gruppierung der Baumassen, mit Höhenabstufungen und einem massiven, den Schornstein verbergenden hohen Turm mit Aussichtsplattform erweckt eher den Eindruck eines mittelalterlichen Kastells als den einer Industrieanlage. Die vom König geäußerten Bedenken ob der Höhe des Bauwerks, die die Sicht von Sanssouci zur Havel stören könnte, vermochte der Gartenkünstler Peter Joseph Lenné zu zerstreuen, indem er in einem Gutachten feststellte, dass »die Gegend durch ein so stattliches architektonisches Werk nur gewinnen kann«. Die Dampfmahlmühle entstand in nur anderthalbjähriger Bauzeit zwischen 1841 und 1843. Sie wurde mit einer 40 PS starken Dampfmaschine ausgestattet, die die Arbeit von acht Windmühlen übernahm. Nach dreijähriger umfangreicher Sanierung und Ergänzung durch moderne Um- und Anbauten teilen sich das Objekt seit 1995 mehrere Verwaltungseinrichtungen sowie ein Hotel.

10 Wohnanlage

Adresse
**Hans-Sachs-Straße 3–11,
Meistersingerstraße 11**

Baujahr
1908–12

Bauherr
Beamtenwohnungsverein zu Potsdam e. G.

Architekten
A. Mustroph, Paul Muster, Paul Mebes

Der Potsdamer Beamten-Wohnungsverein erwarb 1906 in der Nähe von Park Sanssouci ein ca. 19 000 qm großes Grundstück. 1908 begann nach Entwürfen von A. Mustroph und Paul Muster unter Mitwirkung von Paul Mebes der Bau einer Wohnanlage mit viergeschossigen Blöcken auf fünf Parzellen. Der städtische Bebauungsplan sah die Verlängerung der bereits bebauten Meistersingerstraße in westlicher Richtung und die Anlage einer neuen Straße (Hans-Sachs-Straße) vor. Während Block I und II an die vorhandene Bebauung anschlossen, wich Block III in der Grundrissgestaltung ab: Aufgrund des großen Bedarfs an billigeren Wohnungen wurde hier erstmals das Hinterland bebaut. Die Gebäude mit 140 Wohnungen wurden als Putzbauten mit Jugendstilelementen ausgeführt. Durch die Anlage von Vorgärten behielt die monumental wirkende Bebauung dennoch einen vorstädtischen Charakter.

11 Wohnhäuser

Adresse
Nansenstraße 18–24

Baujahr
1903–08, 1910, 1911

Bauherr
Beamtenwohnungsverein zu Potsdam e. G.

Architekten
A. Gilweit, E. Quednau, Ferdinand Krüger

Vor 1888 lebten überwiegend Handwerker, Kleinbürger und Rentiers in dem von Gärtnereien geprägten Gebiet der Brandenburger Vorstadt. Die Wahl des Neuen Palais als Wohnsitz von Kaiser Wilhelm II. löste jedoch einen Entwicklungsschub aus: Neue Straßen wurden angelegt und bürgerliche Mietshäuser in geschlossener Reihe errichtet – so auch in der Nansenstraße –, denn im Zuge der Erweiterung der Garnison- und Residenzstadt wurden dringend Wohnungen benötigt. Höhere Offiziere und deren Familien, aber auch preußische Staatsbeamte waren die Mieter der großzügig dimensionierten Wohnungen. Viele der Häuser besitzen einen Vorgarten und sind dem Jugendstil zuzurechnen. Das Quartier ist weitgehend original erhalten.

12 Erlöserkirche

Adresse
Nansenstraße 5–6

Baujahr
1896–1898

Architekten
Gotthilf Ludwig Möckel, Arthur Kickton

Die Erlöserkirche wurde 1898 als Mittelpunkt des sich entwickelnden neuen Stadtteils Brandenburger Vorstadt errichtet, doch zugleich orientiert sie sich in ihrer ungewöhnlichen Nord-Süd-Ausrichtung nach Sanssouci. Mit tausend Sitzplätzen ist sie die größte Kirche Potsdams. Im zweijochigen Mittelschiff befinden sich eine Orgelempore und in den Kreuzarmen weitere große Emporen. Im quadratischen Hauptraum tragen bis zum Boden geführte Bögen die Hauptlast des Gewölbes und der Decke. Glasierte Ziegel prägen die Fassade. Neben der Kirche entstanden auch ein Pfarrhaus, ein Gemeindehaus und ein Stiftshaus; das gesamte Ensemble ist im neogotischen Stil ausgeführt. Die wertvolle, in den 1960er Jahren aber reduzierte Innenausstattung wird seit den 1990er Jahren schrittweise wiederhergestellt.

13 Wohnhaus

Adresse
**Lennéstraße 46–47,
Feuerbachstraße 24–25**

Baujahr
1925

Das an der platzartig aufgeweiteten Kreuzung Lennéstraße / Feuerbachstraße errichtete Wohnhaus mit stark akzentuierter Front ist eine Randbebauung des Blockes zwischen Feuerbach-, Sello- und Lennéstraße. Es handelt sich um einen typischen Vertreter eines repräsentativen, mit großzügigen Wohnungen ausgestatteten Miethauses in der Formensprache des Jugendstils, wie sie im Zuge der Bebauung der Brandenburger Vorstadt zahlreich entstanden. Das Haus wurde bis 2005 aufwendig saniert und in seiner ursprünglichen Form wiederhergestellt. Dazu gehören gemalte Ornamente am Traufkasten, Jugendstil-Fußbodenfliesen im Eingangsbereich sowie Holzpaneele. Auch Stuckornamente und Parkett aus der Entstehungszeit wurden restauriert; sogar die historischen Öfen blieben, wenngleich ohne Nutzung, erhalten.

14 Wohnanlage »Am Schillerplatz«

Adresse
Wielandstraße, Schillerstraße, Grillparzerstraße

Baujahr
1935–38

Bauherr
Potsdamer Bauverein für Kleinwohnungen

Architekt
Georg Fritsch

Während woanders der Wohnungsbau gedrosselt wurde, ließ der Potsdamer Bauverein für Kleinwohnungen 1938 die nationalsozialistische Mustersiedlung »Am Schillerplatz« auf einer Havelhalbinsel in der Nähe vom Schloss Charlottenhof bauen. Georg Fritsch legte sie mit einem breiten Vorplatz und einer Achse vom Platz zum See sehr repräsentativ und prestigeträchtig an. Der Eingang zur Achse ist beidseitig mit mächtigen, über drei Geschosse reichenden Bogenstellungen eingefasst. Die dreigeschossigen gelben Klinkerbauten begrenzen seitlich den Schillerplatz und umfassen insgesamt drei große Höfe. Fenster mit Rund- oder Segmentbögen sowie Mittelrisalite und lisenenartige Wandvorlagen gliedern die Fassaden und steigern die zeittypische Monumentalität der neoklassizistischen Anlage.

GEWOBA
Wohnungsverwaltungsgesellschaft Potsdam mbH

Auch und gerade öffentlicher Wohnungsbestand muss effizient verwaltet und vermietet werden. Die GEWOBA Wohnungsverwaltungsgesellschaft Potsdam mbH bewirtschaftet – als größter lokaler Anbieter – 17 500 Objekte und ist damit für jede vierte Wohnung der Stadt verantwortlich. Auch die Hebung der Wohnqualität, die Energieeffizienz und die Wohnumfeldverbesserung fallen in ihre Verantwortung. Vor allem aber spielt bei der GEWOBA die Bereitstellung kostengünstiger, angemessener und gesunder Mietwohnungen eine herausragende Rolle. Das moderne Unternehmen setzt neue Maßstäbe hinsichtlich Qualität, Seniorenfreundlichkeit und Orientierung an den tatsächlichen Bedürfnissen seiner Mieter.
Die GEWOBA gehört zum Unternehmensverbund PRO POTSDAM.

www.gewoba.com

15 Wohnbebauung Neustädter Havelbucht

Adresse
Zeppelinstraße, Auf dem Kiewitt

Baujahr
1975–83

Bauherr
VEB HAG Komplexer Wohnungsbau beim Rat der Stadt Potsdam

Architekten
Dietrich Schreiner, Hans Joachim Engmann, Werner Berg, Horst Görl

Nachdem die zur Magistrale ausgebaute Breite Straße bis zur Zeppelinstraße verlängert worden war, stand 1975 die architektonische Neugestaltung der teilweise zugeschütteten Neustädter Havelbucht auf dem Programm. Mit den Mitteln des industriellen Bauens entstand ein Ensemble aus drei langgestreckten und geschwungenen acht- bis elfgeschossigen Blöcken, die dem Uferverlauf der Havel folgen, sowie fünf siebzehn-

geschossigen Punkthochhäusern. Das bedeutende innerstädtische Wohnungsbauprojekt mit etwa 1200 Ein- bis Fünfzimmerwohnungen beinhaltete auch anspruchsvoll gestaltete Grün- und Freiflächen mit Spielplätzen, Kunstwerken und direktem Bezug zum Wasser. Bei der bis 2001 erfolgten Sanierung wurden die originalen Giebelmosaike erhalten und die Gebäudenutzung mit Wohnungen, Appartements und einem Internat beibehalten. 1997 erfolgte der Neubau einer zentral gelegenen Markthalle.

16 Dampfmaschinenhaus

Adresse
Zeppelinstraße 176

Baujahr
1841–43

Bauherr
König Friedrich Wilhelm IV.

Architekt
Ludwig Persius

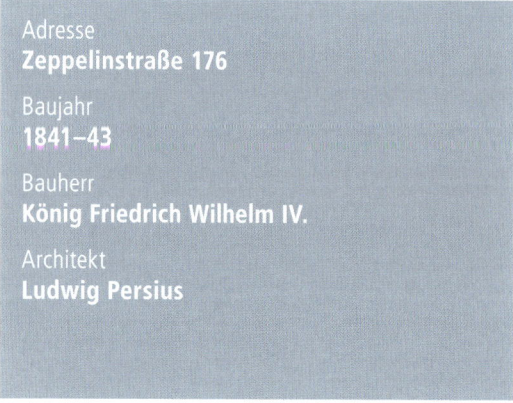

Für das Dampfmaschinenhaus, das für den Betrieb der Fontänen im Park zu Sanssouci notwendig war, wünschte Friedrich Wilhelm IV. wegen der störenden Schornsteine die Form einer türkischen Moschee. Ludwig Persius entwarf einen Industriebau der besonderen Art: Mit seiner hohen Tambourkuppel, einem abgestuften Minarett und einer lebhaften Ziegelstreifung erinnert das Gebäude allerdings eher an ägyptische Vorbilder. Die

farbigen Ziegelbänder stellten hohe Anforderungen an die heimische Industrie: Die weißen Ziegel gelangen damals nur mit einem Ölanstrich. Der klar gegliederte Bau zeigt deutlich sein kompositorisches Prinzip: Dampfmaschinenraum, Kesselhaus und Wärterwohnung sind einfache, von ihrer Funktion her bestimmte Kuben, die jedoch durch geschickte asymmetrische Gruppierung zu einer malerischen Komposition verschmelzen.

17 Ehemaliges Hofmarschallhaus

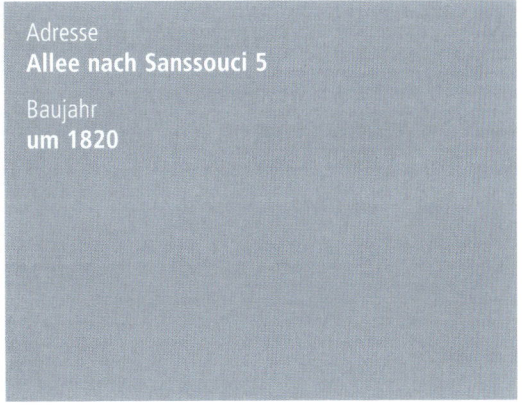

Adresse
Allee nach Sanssouci 5

Baujahr
um 1820

Das Hofmarschallhaus an der Allee nach Sanssouci wurde um 1820 errichtet. Es handelt sich um ein fünf-achsiges eingeschossiges Privatwohnhaus mit Krüppel-walmdach und hohem Sockel, dessen Inneres sich durch eine klare Raumaufteilung auszeichnet. Die Horizontal-gliederung der spätklassizistischen Fassade wird vor allem durch ein umlaufendes Dachgesims erreicht, aber auch durch ein ebenfalls um die Ecken geführtes Mäanderfries im Brüstungsbereich der Fenster.
Ab 1897 wurden die königlichen Gartenanlagen von die-sem Gebäude aus verwaltet. Auch heute befinden sich hier Büro- und Verwaltungsräume.

18 St. Josefs-Krankenhaus

Adresse
Allee nach Sanssouci 7, Zimmerstraße 3–6

Baujahr
1868, 1877, 1925, 1933

Architekten
Ernst Petzholtz, J. Bischof

Um 1860 übernahm Pfarrer Franz Xaver Beyer die katho-lische Pfarrei Peter und Paul und eröffnete eine Waisen-anstalt. Wenig später beschlossen Schwestern aus dem Borromäusorden zusätzlich die Gründung des St. Josefs-Krankenhauses. Für das Projekt wurden weitere Grund-stücke an der Zimmerstraße erworben, und außer dem Krankenhaus selbst entstand eine 1876 eingeweihte Ka-pelle: ein spätklassizistischer gelber Klinkerbau. In den folgenden Jahrzehnten erfuhr der Komplex mehrfach be-trächtliche Erweiterungen und Umbauten. 1933 erfolgte die Aufstockung des Hauptgebäudes, in dem nun auch eine Kinderstation Platz fand. Das im II. Weltkrieg stark zerstörte Krankenhaus war 1950 wieder voll funktions-fähig. In der DDR-Zeit galt seine Poliklinik als die best-eingerichtete und modernste der Stadt. Ab 2002 fanden erneut zahlreiche Umbau- und Sanierungsarbeiten statt.

19 Restaurant »Seerose«

Adresse
Breite Straße 28

Baujahr
1980–83

Bauherr
VEB HAG Komplexer Wohnungsbau beim Rat der Stadt Potsdam

Architekt
Ulrich Müther

Zwischen der als »sozialistische Magistrale« angelegten Breiten Straße und dem geschwungenen Ufer der Neustädter Havelbucht befindet sich eines der seltenen Kunststücke der späten Ostmoderne. Das kleine Restaurant an der Uferpromenade entstand als individueller Kontrapunkt zum seriellen Wohnungsbau der Umgebung und als Prestigeobjekt in einem Vorzeigewohngebiet. Der international renommierte Bauingenieur Ulrich

Müther, der meisterhaft die Möglichkeiten des Betonschalenbaus beherrschte, entwarf ein aus acht hyperbolischen Elementen zusammengesetztes Schalendach, unter dem die Gäste bei Kaffee und Kuchen den Blick auf die Neustädter Havelbucht genießen können. Der Bau, der mit einem Architekturpreis der DDR ausgezeichnet wurde, wirkt transparent, floral und fast schwerelos.

20 Markthalle

Adresse
Breite Straße 25–27

Baujahr
1996–97

Architekten
Kny & Weber, Berlin

Die neue Markthalle an der Breiten Straße, die 1997 eröffnet wurde und eine 1977 erbaute Vorgängerin ersetzte, umfasst rund 84 000 Kubikmeter Raum. Den dreigeschossigen Stahlbetonskelettbau schmückt eine leicht geschwungene Kolonnadenreihe, eine angelehnte Stützenreihe trägt das vorkragende Dach. Durch eine Oberlichtkuppel fällt natürliches Licht in den elliptischen Hof im Innern. Das Parkhaus befindet sich im hinteren

Teil des Komplexes und wird von einem Gründach abgeschlossen. Die durchgängig zweigeschossige Glasfassade verleiht dem Gebäude einen transparenten Charakter und erlaubt Durchblicke auf die Neustädter Havelbucht.

21 Luisenplatz

Adresse
Luisenplatz

Den vor dem Brandenburger Tor gelegenen Luisenplatz nutzte der Zimmerer Kneib bis 1840 zum Bretterschneiden. Erst Mitte des 19. Jahrhunderts gestaltete ihn Peter Joseph Lenné mit Rosen und einer Fontäne zu einer Gartenanlage um. Schon wenige Jahrzehnte später wich diese Anlage einem Parkplatz: 1939 wurde das gesamte Areal eingeebnet und gepflastert. Danach bevölkerten wechselweise Volksfeste und Weihnachtsmärkte den

Platz, bis er 1999 wiederum neugestaltet wurde. Zurückhaltend und sensibel integrieren sich die aus Edelstahlgewebe bestehenden Eingangsbauten zur neuen Tiefgarage. Mit seinen Lindenreihen und dem in der Mitte angelegten Brunnenbecken kann der gegenwärtige Platz als Neuinterpretation des Lennéschen Entwurfes von 1855 gelten. Auch heute finden hier wieder Märkte und Feste statt.

22 Sparkasse

Adresse
Luisenplatz 9

Baujahr
1836, 1846

Architekten
Karl Hampel, Friedrich August Stüler, Ludwig Ferdinand Hesse

Die am Luisenplatz gelegene Kaserne des I. Garde-Ulanen-Regiments entstand 1836. Den dreigeschossige Bau mit klar gegliederter Fassade aus Sichtbackstein hatte Karl Hampel konzipiert, wobei das ursprünglich vorgesehene Walmdach nicht realisiert wurde. Die Soldaten lebten in Acht-Mann-Stuben, für Verheiratete gab es Wohnungen, die jeweils zwischen zwei Treppenhäusern entlang eines Flures angeordnet waren. Auf Wunsch des

Königs legten August Stüler und Ludwig Persius 1844 Entwürfe für die Umgestaltung der Gebäudekante vor. Ausgeführt wurde 1846 schließlich ein Entwurf von Ferdinand Hesse, auf den der bis heute erhaltene umlaufende Zinnenkranz zurückgeht. Wegen der Umnutzung der Kaserne zum Finanzamt wurde 1934 eine Schalterhalle in das Gebäude eingebaut. Heute nutzt die Potsdamer Sparkasse die Räume.

23 Schloss Sanssouci

Adresse
Park Sanssouci

Baujahr
1745–47

Bauherr
König Friedrich II.

Architekten
**Georg Wenzeslaus von Knobelsdorff,
Friedrich Christian Glume (Skulpturen),
Friedrich Wilhelm von Erdmannsdorff,
Ludwig Persius, Ferdinand von Arnim**

Das nach Skizzen Friedrichs II. von Knobelsdorff auf dem »Wüsten Berg« errichtete, recht bescheidene Rokokoschloss Sanssouci war die private Sommerresidenz des Königs. (Als Aufenthaltsort in den Wintermonaten diente das Berliner Stadtschloss, für repräsentative Aufgaben später auch das Neue Palais.) Der eingeschossige, fast sockellose, langgestreckte Bau mit einem ovalen überkuppelten Mittelteil beherbergte im Ostflügel die Räume Friedrichs des Großen und im Westflügel die Gästezimmer. Die

nördliche Empfangsseite des Schlosses mit den einen Ehrenhof bildenden halbrunden Säulenkolonnaden bildet einen Gegensatz zur heiter-bewegten Gartenseite mit Skulpturen von Glume. Der zu Füßen des Schlosses gelegene Südhang des Berges wurde durch die Anlage von Weinterrassen kultiviert. Nach dem Tod des Königs gestaltete Erdmannsdorff das Sterbezimmer klassizistisch um. Friedrich Wilhelm IV. nutzte Sanssouci ebenfalls als Sommersitz und ließ 1841/42 durch Persius und v. Arnim die Wirtschaftsflügel erneuern.

24 Römische Bäder

Adresse
Park Sanssouci

Baujahr
1829–40

Bauherr
König Friedrich Wilhelm IV.

Architekten
Karl Friedrich Schinkel, Ludwig Persius

Der »Römische Bäder« genannte Gebäudekomplex aus Hofgärtnerhaus, Gehilfenhaus, Teepavillon, Großer Laube und Badehaus befindet sich unweit des Schlosses Charlottenhof. Die Gruppe wurde von Ludwig Persius nach Entwürfen Friedrich Wilhelms IV. und Schinkels errichtet. Dem aus mehreren kubischen Einzelformen gleichsam zusammengesetzten Gärtnerhaus im Stil italienischer ländlicher Villen ist zum Garten hin ein Turm angefügt; vermit-

tels einer Pergola ist es zudem mit dem Pavillon am See verbunden. Auf der Rückseite schließen u.a. eine offene Arkadenhalle und ein Badkomplex an, der, angeregt von den Ausgrabungen in Pompeji, auch in Ausstattung und Ausmalung einem antiken römischen Haus nachempfunden ist. Die Gartenbereiche am Ufer des künstlichen Sees bilden mit ihrem üppigen Pflanzenschmuck, Pergolen, Lauben und Treppen einen romantischen Rückzugsbereich.

25 Neue Orangerie

Adresse
An der Orangerie

Baujahr
1851–64

Bauherr
König Friedrich Wilhelm IV.

Architekt
Friedrich Wilhelm IV., Ludwig Persius, Friedrich August Stüler, Ludwig Ferdinand Hesse; Peter Joseph Lenné (Gartengestaltung)

Das Orangerieschloss war als Hauptstück eines unvollendet gebliebenen Triumphstraßenvorhabens Friedrich Wilhelms IV. gedacht. Die konsequent italienische Renaissancevorbilder zitierende, breit ausladende, symmetrische Anlage entstand nach Skizzen des Königs sowie Entwürfen von Persius und Stüler. Der dominierende Mittelbau mit einem doppeltürmigen Belvedere-Aufbau enthält einen Oberlichtsaal für die königliche Kopiensammlung von Raffael-Gemälden sowie Wohnzimmer. Seitlich schließen je ein eingeschossiger Orangerieflügel mit bis fast auf den Boden reichenden großen Fenstern an; ihr Ende markieren Eckpavillons in den Formen der Florentiner Uffizien. Vor allem die Gartenseite des Komplexes weist reichen Skulpturenschmuck auf. Lenné legte auf den südlichen Terrassen einen Garten nach römischen Vorbildern aus der Spätrenaissance an, weiter östlich auch einen »Nordischen« und einen »Sizilianischen« Garten.

26 Neues Palais

Adresse
Park Sanssouci

Baujahr
1763–69

Bauherr
König Friedrich II.

Architekten
Johann Gottfried Büring, Heinrich Ludwig Manger, Jean le Geay, Carl von Gontard

Mit dem Bau des Neuen Palais, der letzten bedeutenden barocken Schlossanlage in Preußen, wurde unmittelbar nach dem Siebenjährigen Krieg begonnen. Die gewaltige, noch um eingeschossige Anbauten erweiterte Dreiflügelanlage diente der Beherbergung der Gäste Friedrichs des Großen – er selbst bezeichnete sie als »Angeberei« und mied sie – und verfügte über mehr als zweihundert Räume, Festsäle, Galerien sowie ein Rokokotheater. Berühmt sind auch der Grotten- und der Marmorsaal. Charakteristisch für den Hauptbau sind rote Putzfassaden, die Ziegelmauerwerk vortäuschen, sowie große Sandsteinpilaster und reicher Skulpturenschmuck. Das Schloss sowie die gegenüberliegenden Communs – durch eine halbrunde Kolonnade verbundene Wirtschaftsgebäude – wurden nach nur sieben Jahren Bauzeit fertiggestellt. Aktuell steht eine jahrelange Sanierung wegen massiven Hausschwammbefalls an.

Teltower Vorstadt

Die **Teltower Vorstadt**, die älteste der Potsdamer Vorstädte, beginnt direkt hinter dem ältesten Übergang über die Havel, der heutigen Langen Brücke. Sie erstreckt sich zwischen der Nutheniederung und dem südlichen Stadtrand. Ihre Entwicklung begann mit der Ansiedlung erster Manufakturen im 17. Jahrhundert am Fuße des Brauhausberges.

Zeitlich und räumlich anschließend entstanden hier zahlreiche Quartiere mit unterschiedlichsten Funktionen: zunächst Kolonistenhäuser für sächsische Handwerker, später eine Kriegsschule auf dem bis dahin als Weinberg genutzten Brauhausberg und nach 1832 auf dem Telegrafenberg teilweise spektakuläre Bauten der astrophysikalischen Forschung. Einen bedeutenden Teil der Teltower Vorstadt bilden der 1796 angelegte Alte Friedhof und der 1867 wegen Platzmangel hinzugekommene Neue Friedhof. Viele namhafte Potsdamer, darunter der Arzt Ernst von Bergmann und der Orgelbauer Alexander Schuke, wurden hier beigesetzt.

Charakteristisch ist auch das Gelände der Landesregierung Brandenburg mit seinem Ensemble aus sanierten Baudenkmalen und modernen Funktionsbauten. Der ob seiner Dimensionen vehement umstrittene Potsdamer Hauptbahnhof gehört genauso zur Teltower Vorstadt wie zahlreiche Wohnsiedlungen entlang der Heinrich-Mann-Allee und die sich aktuell entwickelnde Speicherstadt am Templiner See.

1 Hoffbauer-Stiftung Hermannswerder

Adresse
Hermannswerder

Baujahr
1891–1911, 1933

Architekten
**Paul Robert Lembcke,
Adolf und Friedrich Bolle (Kirche),
Paul Krebs (Feierabendheim)**

Das Fabrikantenehepaar Clara und Hermann Hoffbauer stiftete u.a. ein Haus zur Erziehung und Diakonissenausbildung elternloser Mädchen sowie ein Krankenhaus und erkor für deren Bau die Havelinsel Tornow. Die meisten der hervorragend in das parkähnlich gestaltete Gelände eingebundenen Stiftsgebäude entstanden zwischen 1891 und 1911. Sämtliche Bauten dieser Phase sind von der damals weitverbreiteten Wiederaufnahme gotischer Formen geprägt. Sie sind mit roten Klinkern verblendet und je nach Funktion und Bedeutung mit Friesen und aufwendigen Gesimsen geschmückt. Den dekorativen Auftakt der Anlage bildet das Backsteinportal. Das Diakonissenmutterhaus ist allein schon durch seinen zentralen Standort als Hauptgebäude charakterisiert. Die aufwendigsten Schmuckelemente hingegen weist das Oberlyzeum (1909) auf. Es enthält eine gewölbte, vollständig floral ausgemalte »Lutherhalle«. Mit seinen verputzten kubischen, in der Höhe gestaffelten Bauteilen ist schließlich das Feierabendhaus (1933) ein Beispiel für die in Potsdam sonst wenig vertretenen Formen des Neuen Bauens.

2 Wohnanlage »Kolonie Cecilienhöhe«

Adresse
Leipziger Straße 19–22, 24–28, Templiner Straße 1–14, 2a, 4a, 6a, Ulrich-von-Hutten-Straße 1–12, Leiterstraße 1–15

Bauherr
Arbeiter-Bauverein Potsdam E. G. m. b. H.

Baujahr
1903–04, 1912, 1923–25

Architekten
G. Grabkowsky, Paul Mebes, R. Brodersen

Die Grundsteinlegung für die »Kolonie Cecilienhöhe« erfolgte 1903. Sie war nach der Kolonie »Daheim« die zweite genossenschaftliche Siedlung in Potsdam. In dem nach Kronprinzessin Cecilie benannten Komplex entstanden zwischen 1904 und 1913 zahlreiche Wohnungen mit Stallungen und Gärten zur Selbstversorgung. Die Häuser in der Templiner Vorstadt wurden von G. Grabkowsky und Paul Mebes entworfen. Der im Siedlungsbau einflussreiche Mebes lehnte vehement die bis dahin vorherrschende Blockrandbebauung mit Hinterhäusern ab und propagierte stattdessen »offene« Siedlungen. In einer zweiten Bauphase wurden zwischen 1923 und 1925 nach Plänen des Architekten R. Brodersen weitere Häuser in der Ulrich-von-Hutten- und der Leiterstraße gebaut. Sie waren zunächst für aus Danzig versetzte Beamte gedacht, dienten aber auch der Linderung der allgemeinen Wohnungsnot nach dem I. Weltkrieg.

3 Ehemaliges Heeresproviantamt

Adresse
Leipziger Straße 7, 8

Baujahr
1688, 1844/45

Architekt
Ludwig Persius (Umbau)

Das 1688 errichtete Königlich Preußische Heeresproviantamt befindet sich – weithin sichtbar, aber derzeit noch ruinös – unterhalb des Brauhausberges und unweit der Havel. König Friedrich Wilhelm IV. wollte im Rahmen seiner romantischen Landschaftsverschönerungspläne den als Mehlmagazin dienenden Speicher durch Ludwig Persius zu einem »maurischen Monument« umbauen lassen. Doch nach Auseinandersetzungen mit dem Kriegsministerium erhielt der viergeschossige Putzbau 1844/45 wehrhafte Formen im »normannischen« Burgenstil mit Zinnen und einen markanten Turm. Ein benachbartes, 1835 ebenfalls im Auftrag des Kriegsministeriums errichtetes Getreidemagazin wurde von Carl Hampel wohl auf Anregung Schinkels als Fachwerkbau ausgeführt und mit Rathenower Ziegeln verkleidet. Prägnant ist hier die funktional-schlichte Gestaltung in ausschließlich kubischen Formen.

4 Landtag (Kriegsschule)

Adresse
Am Brauhausberg

Baujahr
1899–1902, 1937, 1950–51

Architekt
Franz Heinrich Schwechten

Um die vorletzte Jahrhundertwende entstand nach Plänen von Franz Schwechten, dem Architekten der Berliner Kaiser-Wilhelm-Gedächtniskirche, auf dem Brauhausberg eine Schule für höhere Offiziere. Der weithin sichtbare Standort war Ausdruck des Wachstums, den Potsdam als Garnison- und Verwaltungsstadt in jener Zeit verzeichnete. Die burgartige, von einem (ursprünglich verspielteren und noch höheren) Turm dominierte Anlage ist von eklektizistischer Stilvielfalt geprägt: Die Klinkerfassaden weisen Elemente der niederdeutschen Renaissance auf, das Fachwerkobergeschoss und der Turm erscheinen im englischen Cottage-Stil. Der Haupteingang wiederum orientiert sich an der Porta Stupa in Verona. Da nach dem I. Weltkrieg laut Versailler Vertrag Deutschland keine Kriegsschulen besitzen dufte, beherbergte der Komplex fortan das Reichsarchiv. Mit der Erweiterung und dem Umbau zum Heeresarchiv von 1935 bis 1937 wurden die historischen Fassaden sowie die Baukörper vergröbert und der Turm deutlich abgestockt. Das Gebäude wurde im II. Weltkrieg schwer beschädigt, ab 1947 wieder aufgebaut und diente von 1949 bis 1989 als Sitz der SED-Bezirksleitung und der SED-Kreisleitung. Aus dieser Zeit rührt die heute noch im Volksmund gebräuchliche Bezeichnung »Kreml« her. Am Turm ist ein ovaler heller Fleck zu erkennen; dort befand sich das Wappen der SED. 1991 beschlossen die Brandenburger Parlamentarier, die Liegenschaft auf dem Brauhausberg als provisorisches Parlamentsgebäude zu nutzen. Die stadtseitige Fassade des Ensembles steht unter Denkmalschutz.

5 Astrophysikalisches Observatorium und Einsteinturm

Adresse
Telegrafenberg, Albert-Einstein-Straße

Baujahr
1876–79, 1920/21

Architekten
Paul Spieker, Erich Mendelsohn

Ab 1876 entstand im Süden Potsdams ein umfangreiches Ensemble naturwissenschaftlicher Forschungseinrichtungen. Eine der ersten war ein nach Plänen Paul Spiekers und in enger Abstimmung mit Wissenschaftlern errichtetes astrophysikalisches Observatorium. Die bewaldete Kuppe des Telegrafenbergs schützte es vor künstlichen Lichtquellen im Norden und bot freien Blick nach Süden. Spiekers Entwurf folgte der späten Schinkelschule: Die feingliedrig verzierten, polychromen Backsteinbaukörper folgen in Form und Anordnung ihrer funktionalen Bestimmung. Bis zur Jahrhundertwende wurde das astrophysikalische Institut unter Federführung Spiekers sukzessive erweitert, darunter um einen imposanten Doppelrefraktor.

1920 begann nach Erich Mendelsohns spektakulären Entwürfen der Bau des Einsteinturms. Seine zentrale Funktion bestand darin, in ihm die Relativitätstheorie experimentell beweisen zu können. Das dazu notwendige Teleskop wurde auf einem eigenen Fundament unabhängig vom übrigen Bau in dessen Inneren installiert. Doch Mendelsohn nahm die rigiden funktionalen Vorgaben zugleich zum Anlass, ungewöhnliche gestalterische Lösungen zu entwickeln. Das nach wie vor futuristisch wirkende Gebäude gilt als herausragendes Beispiel expressionistischer Architektur. Als Stahlbetonbau konzipiert, wurde es jedoch in Mischbauweise errichtet. Aus Beton sind Kuppelkranz, Außenwände der Anbauten und Terrasse. Der Turm dagegen besteht aus Ziegelmauerwerk, ebenso die Dächer über den Anbauten. Der homogene Eindruck eines Betonbaus entstand erst nach Auftrag feinkörnigen, ockerfarbenen Spritzputzes. Thermische Spannungen durch unterschiedliche Materialien und Wandstärken führten zu vielen Schäden und Reparaturen. Die letzte umfassende Sanierung erfolgte 1997 bis 1999.

6 Wohnanlage auf dem Brauhausberg

Adresse
**Albert-Einstein-Straße 2–24,
Am Brauhausberg 25–36**

Baujahr
1934–36

Bauherr
Beamtenwohnungsverein zu Potsdam e. G.

Architekten
**Heinrich Laurenz Dietz,
Paul Renner, Schulenburg**

Der Beamten-Wohnungsverein erwarb auf dem Brauhausberg ein keilförmiges Grundstück zwischen der Albert-Einstein-Straße und der Straße Am Brauhausberg und bebaute es mit einem dreigeschossigen Häuserblock von zwei langen Außenflügeln entlang der Straßenführung und zwei kürzeren Querriegeln. Es entstanden zunächst 30 Zwei- bis Vierzimmerwohnungen; 1935 folgte eine Erweiterung mit 18 Zwei- und Dreizimmerwohnun-

gen. Aufgrund seiner modernen Sachlichkeit erregte das Projekt einiges Aufsehen. Der Baukörper erscheint wie aus einem Guss und strikt zweckbetont. Die dreiteiligen Fenster weisen konsequent den gleichen Abstand zueinander auf. Originell ist ferner die Stirnseite des Gebäudekomplexes: Eine leichte konkave Krümmung verleiht ihm eine schwungvolle Dynamik.

7 Hauptbahnhof/Potsdam Center

Adresse
Babelsberger Straße

Baujahr
1992–99

Bauherr
Stadt Potsdam, LEG, Deutsche Bahn AG

Architekten
Gerkan, Marg & Partner (gmp)

Die erste Eisenbahn von Berlin nach Potsdam endete einst hier am 1838 eröffneten Hauptbahnhof. Nach den Zerstörungen des II. Weltkriegs blieben von ihm nur Teile erhalten, und nach dem Mauerbau 1961 und dem Ausbau des Berliner Außenrings besaß er nur noch eine untergeordnete Verkehrsfunktion. Das änderte sich erst wieder mit dem Mauerfall. Der 1992 begonnene Neubau des Potsdamer Hauptbahnhofs mit Einkaufscenter und Kino, Büro- und

Geschäftsräumen und repräsentativem Empfangsgebäude war dennoch lange umstritten. Gerkan, Marg und Partner entwarfen zwei langgestreckte Gebäudekomplexe mit Backsteinfassade, die durch eine wellenförmige Spange verbunden sind und den historischen Wasserturm unangetastet lassen. Die Zugänge zu den Gleisen sind in die Spange integriert, und die 90 Meter lange Brücke wird als Passage mit beidseitigen Ladeneinbauten genutzt.

8 Alter Friedhof

Adresse
Heinrich-Mann-Allee 105

Baujahr
um 1851

Architekt
Ferdinand von Arnim (Kapelle)

Für den kurzfristig angelegten Friedhof musste der Garten des Geheimen Kabinettrats Wilhelm von Beyer herhalten, und zur ersten Beisetzung im Jahr 1796 musste schnell noch ein Tor gesetzt werden. Die Umfassungsmauer aus Rüdersdorfer Kalkstein war ein Jahr später fertig. Gärtnerische Gestaltung, vermutlich durch Lenné, erfuhr der Friedhof erst 1850. In der Folge wurden künstlerisch wertvolle Grabmäler, darunter des Hofkom-

ponisten Johann Joachim Quantz, hierher verlegt. Der 1851 nach Entwürfen Ferdinand von Arnims errichtete Komplex aus zentraler Kapelle sowie Leichenhalle und Dienstwohnung des Inspektors ist ein spätklassizistischer Putzbau. Die dominierende Kapelle weist einen ionischen Portikus und ein Terrakotta-Giebelrelief mit der Darstellung einer Grablegung auf.

9 Landesregierung

Adresse
Heinrich-Mann-Allee 107

Baujahr
1769, 1830/31, 1906–12, 2004–06

Architekten
**Karl Hampel, Robert Klingelhöffer,
B + C Lambart, Gutheil und Kuhn**

Seit 1990 residiert die Regierung des Landes Brandenburg in einer umfangreichen Gebäudegruppe an der Heinrich-Mann-Allee, die im 19. Jahrhundert als Kadettenanstalt fungierte. Das älteste Gebäude ist Haus 2, ein 1769 errichtetes zweigeschossiges, verputztes ehemaliges Waisenknabenlazarett mit Mansarddach. Haus 8, das heute das Justizministerium beherbergt, wurde 1831 in der Formensprache der Schinkelschule erbaut. Bis in die

1890er Jahre entstand ein weiterer großer Gebäudekomplex u.a. mit Turnhalle, Beamtenwohnhäusern und einem neuen Lazarett. Um 1910 erfolgte schließlich ein neobarocker Neubau des Hauptgebäudes (Haus 12, Staatskanzlei). Mit der Entmilitarisierung in Folge des Versailler Vertrags ging 1920 aus der bisherigen Kadettenanstalt die zivile staatliche Bildungsanstalt Potsdam hervor. In der DDR hatte der Rat des Bezirkes hier seinen Sitz.

10 Kolonie »Daheim«

Adresse
Kolonie Daheim 1–17, 20, 21, 24–37

Baujahr
1894–1909

Bauherr
**Bau- und Sparverein für Eisenbahn-
bedienstete**

Architekt
vermutlich R. Mangelsdorff

1894 gründete sich in Potsdam der Bau- und Sparverein für Eisenbahnbedienstete. Noch im selben Jahr wurde mit dem Bau der ersten Siedlung, der Kolonie »Daheim«, in der Teltower Vorstadt begonnen. In den überwiegend zwei- und dreigeschossigen traufständigen Doppelhäusern mit Satteldach entstanden etwa 210 Zwei- und Dreizimmerwohnungen. Die Klinkerbauten sind einheitlich gestaltet, die Fensterrahmungen und Gesimse sind farbig abgesetzt; geputzte und Ziegelfassaden wechseln sich ab. Zu jedem der Doppelhäuser gehören rückwärtige Gartenparzellen mit Ställen, Remisen und Waschküchen. 1929 wurden Sanitäranlagen angebaut.

11 Wohnanlage »Am Brunnen«

Adresse
**Am Brunnen 5–25, Drevesstraße 1–64,
Heinrich-Mann-Allee 26–64, Kottmeier-
straße 1–9, Kunersdorfer Straße 1–10**

Baujahr
1923–30, 1937–39, 1958

Bauherr
Beamtenwohnungsverein zu Potsdam e. G.

Architekten
**Heinrich Dreves, H. H. Ludwig Blohm,
Reinhold Mohr, Heinrich Laurenz Dietz u.a.**

Der Beamten-Wohnungsverein erwarb 1922 in der Teltower Vorstadt ein dreißig Hektar großes Gelände für die Anlage einer Gartenstadtsiedlung. Schon ein Jahr später begann die Bebauung links der Heinrich-Mann-Allee mit vorrangig zwei- und dreigeschossigen zusammenhängenden Wohnhausgruppen. 1928 wurde der Brunnen eingeweiht, der dem Platz und der Siedlung seinen Namen gab. Alle Gebäude der Siedlung sind Putzbauten mit einem Vorgarten sowie einem Nutzgarten hinter dem Haus. Die das ansteigenden Gelände berücksichtigende Planung basierte auf der Idee einer offenen, durchgrünten, durch Platzanlagen aufgelockerten Bebauung. Bis 1930 entstanden über 500 Wohnungen in unterschiedlich gegliederten, teilweise farbigen Bauten. Erweiterungen folgten in den NS-Jahren – mit Ehrenhof und zeittypischem Bauschmuck – und 1958.

12 Wohnanlage »Im Eichenhain«

Adresse
Drewitzer Straße 3–22

Baujahr
1928 / 29

Architekten
**Städtisches Hochbauamt
(Gustav Fritsch, Reinhold Mohr)**

Teltower Vorstadt

Die von Reinhold Mohr nach Entwürfen des städtischen Hochbauamts geplanten und vom Baugeschäft Emil Lilie auf dem Gelände des städtischen Forstfiskus' in der Teltower Vorstadt erbauten Siedlungshäuser entstanden Ende der 1920er Jahre. Die Mieter der mit Mitteln der Stadt Potsdam finanzierten Kleinwohnungen sollten inmitten von »Licht, Luft und Sonne« leben können. Die Häuser Nr. 5–12 springen zurück und bilden einen angerartigen, nach Süden sich öffnenden Platz. Die Häuser Nr. 13–22 staffeln sich dem Straßenverlauf folgend. Das Ensemble weist zahlreiche originale, charakteristische Gebäudeelemente auf, darunter Walmdächer mit holzverschalten Gauben, eine ockergelbe Kratzputzfassade, rote Klinker an Sockel, Haustürgewänden und Erkerecken, acht- oder zwölfteilige Sprossenfenster sowie von Mohr patentierte Schiebefensterläden.

13 Wohnanlage »Am Stadtrand«

Adresse
**Käuzchenweg 1–32, Am Fenn 1–16,
Unter den Eichen 1–50**

Baujahr
1932–34

Architekten
Gustav Fritsch, Reinhold Mohr

Stadtbaurat Fritsch wies 1932 das Areal der künftigen Siedlung »Am Stadtrand« als Bauland für Erwerblose aus, wonach Reinhold Mohr eine Anlage mit 59 Siedlerstellen realisierte. Er entwickelte dafür im Detail variierende Typenbauten. Die in Fertigbauweise errichteten Doppelhäuser mit langen Satteldächern und holzverkleideten Giebeln waren zunächst mit offenen, später aber geschlossenen Holzveranden ausgestattet. Die Siedlung verfolgte – unmittelbar nach der Weltwirtschaftskrise – einen sozialen Ansatz: Die Häuser wurden von arbeitslosen Handwerkern gebaut und anschließend unter ihnen verlost. Das gewährleistete eine hohe Qualität, da niemand wusste, welches Haus er einmal bekommen würde. Die großen Gärten waren zur Selbstversorgung der Bewohner gedacht. Das Prinzip baulicher Selbsthilfe kam auch in der benachbarten Siedlung »Am Nuthestrand« zum Tragen.

Babelsberg

Wenn man Potsdams Berliner Vorstadt über die Humboldtbrücke verlässt, gelangt man nach Babelsberg. Dieser Potsdamer Stadtteil liegt zwischen dem Babelsberg mit gleichnamigem Schloss und Park am Tiefen See, dem Griebnitzsee, der Berliner Stadtgrenze und der Teltower Vorstadt.

Babelsberg ist ein abwechslungsreiches Konglomerat aus unterschiedlichsten Siedlungskernen und Strukturen: dem erstmalig 1375 urkundlich erwähnten Neuendorf mit einem bis heute erhaltenen Rundanger, der seit 1750 für böhmische Spinner und Weber angelegten Kolonistensiedlung Nowawes und der ab 1862 entstandenen Villenkolonie Neubabelsberg. Bis zur Potsdamer Eingemeindung im Jahr 1939 führten die Babelsberger ein sehr eigenständiges wirtschaftliches und kulturelles Leben. Aufgrund der interessanten Lage zwischen Berlin und Potsdam siedelten sich die Filmindustrie, später die Universität und in der jüngsten Vergangenheit auch wissenschaftliche Institute sowie Industrie- und Gewerbebetriebe an. Sie alle gaben und geben diesem Teil Potsdams zahlreiche architektonische Facetten.

Der auf hügeligem Gelände am Tiefen See und der Glienicker Lanke reizvoll gelegene **Park Babelsberg** gehört als gartenarchitektonisches Gesamtkunstwerk zum UNESCO-Weltkulturerbe. Prinz Wilhelm, künftiger preußischer König und deutscher Kaiser, erhielt 1833 das Gelände von seinem Vater geschenkt und beauftragte sogleich Peter Joseph Lenné mit der Gestaltung als naturnaher Landschaftsgarten. Zeitgleich begann Persius mit der Errichtung des von Schinkel geplanten Babelsberger Schlosses; 1844–49 wurde dieses von Strack und Gottgetreu um den Westflügel erweitert und umgebaut. 1843 übernahm Fürst von Pückler-Muskau die Aufgaben des in Babelsberg eher glücklos agierenden Lenné. Auf Pückler geht unter anderem das wichtige Bewässerungssystem für den Park zurück. Ab 1865 zeichnete Otto Ferdinand Kindermann beispielsweise für die südliche Erweiterung mitsamt eines künstlich angelegten Sees verantwortlich.

Das Schloss, dessen nördliche Schauseite zur Havel orientiert, bildet das Zentrum zahlreicher Blickbeziehungen des romantisch geschwungenen, kleinteiligen Wegenetzes. Gemeinsam mit verschiedenen anderen Wohn- und Wirtschaftsgebäuden, darunter dem Dampfmaschinenhaus (Persius, 1843–45), dem Kleinen Schloss (Persius / Gebhardt, 1833–42), der Gerichtslaube (Strack, 1871/72), dem Matrosenhaus (Strack, 1868) und dem Flatowturm (Strack, 1853–56), ist es Teil eines herausragenden Architekturensembles.

Infolge des Mauerbaus verwilderte und verfiel der Park. Insbesondere die im Todesstreifen liegende Uferzone erlitt durch die Errichtung der Grenzanlagen schwere Zerstörungen. 1990 begann die sorgfältige Wiederherstellung des ursprünglichen Zustands.

1 Schloss Babelsberg

Adresse
Park Babelsberg

Baujahr
1834/35, 1844–49 (Erweiterung)

Bauherr
Prinz Wilhelm von Preußen

Architekten
Karl Friedrich Schinkel, Ludwig Persius,
Johann Heinrich Strack, Martin Gottgetreu

Das 1834–35 errichtete, vom englischen Tudorstil sowie von Schinkels Begeisterung für die Architektur der mittelalterlichen Rheinburgen geprägte Babelsberger Schloss war die erste romantisch-neogotische Schlossanlage in Kontinentaleuropa. Es sollte dem Prinzenpaar Wilhelm (dem späteren Kaiser Wilhelm I.) und Augusta als Sommerschloss dienen. Im ersten Bauabschnitt entstand nach Entwürfen Schinkels unter der Leitung von Persius auf asymmetrischem Grundriss ein malerischer Baukörper aus gelbem Backstein mit Türmen, Erkern und Zinnen, der im Westen mit einem niedrigen achteckigen Turm abschloss. In einer zweiten Bauphase ab 1844 wurden durch Strack und Gottgetreu mit einem westlichen Flügel sowie dem Einbau eines großen Tanzsaales die noch deutlicher romantisierenden, dekorativen Vorstellungen der Bauherrin umgesetzt. Auch die älteren Gebäudeteile wurden nun mit Anbauten und gotischen Ornamenten versehen.

2 Kleines Schloss

Adresse
Park Babelsberg

Baujahr
1833/34, 1841/42 (Umbau)

Bauherr
Prinz Wilhelm von Preußen

Architekten
Ludwig Persius, Eduard Gebhardt

Das Prinzenpaar Wilhelm von Preußen und Augusta von Sachsen-Weimar-Eisenach beauftragte 1833/34 Persius mit dem Umbau eines unterhalb des Schlosses am Havelufer gelegenen älteren Gartenhauses zum zeitweiligen Wohnhaus. Den weiteren Ausbau als Wohnsitz ihres Sohnes, des elfjährigen Friedrich Wilhelm (dem späteren »99-Tage-Kaiser«) im Stil der Tudorgotik mit markanten seitlichen Giebeltrakten übernahm – unter maßgeblicher Beeinflussung durch Augusta – 1841/42 Eduard Gebhardt. Der Westgiebel zeigt eine Dreifenstergruppe, während der Ostgiebel mit minarettartigen Ecktürmchen und einem Erker versehen ist. Später wurde das Kleine Schloss (nun auch »Damenhaus« genannt) als Gästehaus und als Herberge für Hofdamen und ihre Bediensteten genutzt. Nach 1945 war es u.a. DEFA-Erholungsheim; heute befindet sich darin ein Restaurant.

3 Flatowturm

Babelsberg

Adresse
Park Babelsberg

Baujahr
1853–56

Bauherr
König Friedrich Wilhelm IV.

Architekt
Johann Heinrich Strack

Anstelle einer abgebrannten Windmühle und inmitten eines für die Bewässerung des Parks bastionsartig angelegten Wasserreservoirs errichtete Johann Heinrich Strack an der höchsten Stelle des Babelsbergs einen wehrhaft wirkenden, 46 Meter hohen Wohn- und Aussichtsturm. Seine Gestalt folgt stark dem in Frankfurt am Main befindlichen Eschenheimer Torturm (1400–28); seinen Namen erhielt er nach der Domäne Flatow in Westpreußen, aus deren Einnahmen man den Bau finanzierte. Charakteristisch für den neogotischen Bau sind vier Erkertürmchen auf dem Zinnenkranz, ein spitzes kegelförmiges Dach und ein vorkragender begehbarer Wehrgang. Seitlich wurde ihm ein Burghaus angegliedert. Früher überspannte eine Zugbrücke den Wassergraben. Genutzt wurde der Turm als reich ausgestattetes Gästehaus und Aufbewahrungsort gesammelter Gegenstände. Heute ist er sowohl Museum als auch Aussichtsturm.

4 Maschinenhaus

Adresse
Park Babelsberg

Baujahr
1843–45, 1862/63 (Erweiterung)

Bauherr
Prinz Wilhelm von Preußen

Architekten
**Ludwig Persius (Planung),
Rudolf Wilhelm Gottgetreu (Ausführung, Erweiterung)**

Um den Park und dessen Wasserspiele endlich ausreichend bewässern zu können, wurde ab 1843 nach Plänen von Persius am Fuß des Babelsbergs und direkt am Ufer der Glienicker Lake ein dampfmaschinenbetriebenes Pumpenhaus errichtet. Zwei weitere derartige Bauwerke – ebenfalls von Persius – sind die »Moschee« für Park Sanssouci und eines im Glienicker Park. Der spannungsvoll kubisch gestaffelte Backsteinbau erinnert mit seinen charakteristischen Zinnen und dem turmartigen Schornstein an die »normannische« Burgenarchitektur des Schlosses. Im Gebäude befanden sich neben den technischen Funktionsräumen einst auch Räume für Bedienstete und Gäste des Schlosses sowie eine Wohnung für den Maschinenmeister. 1862/63 erweiterte Gottgetreu den Komplex um eine weitere Maschinenhalle.

5 Fußgängerbrücke

Adresse
Neue Fahrt / Nuthe

Baujahr
2001

Bauherr
Stadt Potsdam

Architekt
Obermeyer, Planen und Beraten GmbH

Im Zuge der Bundesgartenschau 2001 entstanden in Potsdam zahlreiche neue Uferwege. Einer von ihnen beginnt am Hauptbahnhof und verläuft entlang der Havel durch den Nuthepark bis hin zum Park Babelsberg. Dabei überquert eine überdachte Holzbrücke die Nuthe, kurz bevor sie in die Havel mündet, und stellt so endlich eine Verbindung auch für Fußgänger und Radfahrer zwischen der Potsdamer Innenstadt und dem Park Babels-

berg her. Der Nuthepark selbst wurde zwischen 1998 und 2002 auf vormals verwahrlostem Areal als naturnaher Landschaftspark mit Lindenallee, Feuchtwiesen und Waldspielplatz angelegt. Besondere Orte sind auch die Havelterrasse mit öffentlichem Steg sowie verschiedene Plätze.

6 Zentrum Ost

Adresse
Humboldtring, Lotte-Pulewka-Straße

Baujahr
1972–81

Bauherr
Stadt Potsdam

Architekten
**Werner Berg, Horst Görl, P. Weiß,
D. Futterlieb, D. Schreiner, K. Modrach,
E. Koves**

Das zwischen Babelsberg und der Nuthe gelegene Potsdamer »Zentrum Ost« entstand im Rahmen eines 1970 verabschiedeten Generalbebauungsplans. Aufgrund knapper Planungskapazitäten wurde die Hilfe ungarischer Architekten in Anspruch genommen. Der Altstadtring der damaligen Bezirksstadt sollte demnach von einer Hochhauskette umgeben sein, die sich bis in das Zentrum Ost erstreckte. Das letztgenannte Neubaugebiet, das schritt-

weise bis 1981 errichtet wurde, umfasst eine Fläche von 33,5 Hektar. Neben fünfzehn- und elfgeschossigen Hochhäusern sind mehrere fünfgeschossige Blöcke charakteristisch. Heute wohnen in dem zentrumsnahen, komplett sanierten Viertel am Ufer der Havel etwa 5100 Menschen in rund 2700 Wohnungen. Seine Bewohner haben – nach Waldstadt I – das zweithöchste Durchschnittsalter im Vergleich aller Potsdamer Wohngebiete.

7 MAZ Verlagsgebäude und Druckerei

Adresse
Friedrich-Engels-Straße 24

Baujahr
1929–30, 1993–94

Bauherr
Märkische Verlags- und Druckgesellschaft mbH (Neubau)

Architekten
vermutlich Otto Laternser, Heiken + Partner (Neubau)

Die neuen Gebäude des Verlags- und Druckzentrums der Märkischen Allgemeinen Zeitung befinden sich auf dem Gelände eines traditionsreichen, im II. Weltkrieg jedoch weitgehend zerstörten Gewerbe- und Industriekomplexes, den Hermann Muthesius für die Seidenweberei Michels & Co. entworfen hatte. In den 1920er Jahren zogen dort die Deutsche Elektrola sowie die Arado-Flugzeugwerke ein; für Elektrola errichtete Laternser ein partiell noch heute erhaltenes Verwaltungsgebäude. Der Neubau des MVD-Druckzentrums mußte wegen hohen Grundwasserspiegels und schlechten Baugrundes auf 2000 Pfählen gegründet werden. Den Mittelpunkt des Komplexes bildet eine 18 Meter hohe und 80 Meter lange Produktionshalle, eine Konstruktion aus Stahl, Glas und ockerfarbener Klinkerverblendung.

8 Wohnanlage »Nutheschlange«

Adresse
Humboldtring, Nuthestraße

Baujahr
1990–96

Bauherr
GEWOBA-Wohnungsverwaltungsgesellschaft mbH Potsdam

Architekten
Hinrich und Doris Baller, Pichler Ingenieure (Statik)

Ab 1990 entstand an der Nuthestraße das erste größere Potsdamer Wohnungsbauprojekt nach der »Wende«. Zweihundert unterschiedlich geschnittene Wohnungen ergänzen das in den 1970er Jahren errichtete Zentrum Ost. Zugleich schirmt die Anlage das gesamte Wohngebiet zur vielbefahrenen Nuthestraße ab, indem sie vorn einen kammartigen, geschwungenen Riegel bildet und hinten in einen landschaftlich gestalteten Grünbereich übergeht. Die architektonisch auffälligen, verspielt und fragil wirkenden Baukörper enthalten außergewöhnlich »individualistische« Wohnungen mit kaum einem rechten Winkel. Die meisten sind über Treppen und Terrassen mit der Grünanlage verbunden. Im rückwärtigen Bereich stehen zahlreiche Einzelhäuser mit je vier Wohnungen auf Stelzen über einem lagunenartig aufgestauten Wasserlauf.

9 Rathaus von Neuendorf

Adresse
Rudolf-Breitscheid-Straße 20, 21

Baujahr
1893–94

Architekt
Otto Heinrich von Techow

Mit der Ansiedlung großer Industriebetriebe und der Verkehrsanbindung an Berlin erlebte das Bauerndorf Neuendorf im ausgehenden 19. Jahrhundert einen enormen Aufschwung. Binnen fünfzig Jahren versiebenfachte sich die Bevölkerungszahl. Da die bisher genutzten Räume im Lehnschulzenhaus am Neuendorfer Anger nicht mehr ausreichten, den Verwaltungsaufwand zu bewältigen, wurde der Neubau eines Rathauses in der heutigen

Rudolf-Breitscheid-Straße beschlossen. Otto Heinrich von Techow entwarf einen reich gegliederten historistischen Bau, der 1904 durch den Anbau des Beethoven-Lyzeums erweitert wurde. Nach dem II. Weltkrieg nutzte eine kommunale Berufsschule das Objekt. In den 1970er Jahren wurden im Zuge einer Sanierung des Schulgebäudes dessen Eckerker und der Giebel über dem Risalit beseitigt und so seine Gestalt stark vereinfacht. Heute ist das Oberstufenzentrum Babelsberg in dem Gebäude.

10 Rathaus von Babelsberg

Adresse
Karl-Liebknecht-Straße 135

Baujahr
1898–99

Architekt
Julius Otto Kerwien

Nur wenig später als Neuendorf weihte im Januar 1900 das benachbarte Nowawes sein neues Rathaus ein. Nach der 1907 erfolgten Fusion beider Orte diente der repräsentative Bau dreißig Jahre lang – bis zur Eingemeindung der inzwischen Babelsberg genannten Stadt zu Potsdam – der gemeinsamen Ortsverwaltung. Julius Otto Kerwien, später auch der Architekt der Potsdamer Synagoge, lehnte seinen Entwurf verblüffend deutlich an das ebenfalls von

ihm stammende Rathaus Schmargendorf an. Die Klinkerfassade des zweigeschossigen Eckgebäudes zitiert märkische Backsteingotik und ist reich geschmückt: Zwei große gestaffelte Giebel sowie Balkone und Erker charakterisieren die Straßenfronten, und ein mächtiger Turm betont die Gebäudeecke. Nach 1956 wurde der Bau als Kulturhaus genutzt. Heute beherbergt er Gastronomie und Kultureinrichtungen.

11 Dorfkern Neuendorf

Adresse
Neuendorfer Anger 1–20

Der Ort Neuendorf wurde 1375 als Nygendorff erstmals urkundlich erwähnt und umfasste damals neun Hofstellen mit strohgedeckten Fachwerkhäusern. Die Struktur des mittelalterlichen Rundlingsdorfs hat sich bis heute erhalten. 1585 errichtete man auf dem Anger eine kleine Fachwerkkirche, die 1853 durch einen gotisierenden Zentralbau ersetzt wurde. Da dieser die rapide wachsende Gemeinde bald nicht mehr aufzunehmen vermochte, baute man 1898/99 direkt neben ihr die Bethlehem-kirche. Beide Kirchen wurden im II. Weltkrieg stark zerstört, die Ruine der Bethlehemkirche 1952 abgerissen. Der Anger verlor an Bedeutung und wurde bis in die 1960er Jahre landwirtschaftlich genutzt. Seit 1989 engagiert sich eine Bürgerinitiative für seine Erneuerung und Belebung. Zu ihren Erfolgen zählen die Sanierung des Gutshauses – das vermutlich älteste Gebäude am Platz – und des Lehnschulzenhauses sowie der Wiederaufbau der Alten Neuendorfer Kirche.

12 Alte Neuendorfer Kirche

Adresse
Neuendorfer Anger

Baujahr
1850–53

Architekten
**Christian Heinrich Ziller,
Ludwig Ferdinand Hesse**

Der eigenwillige Zentralbau auf oktogonalem Grundriss beruht auf einer Skizze Friedrich Wilhelms IV.; der eigentliche Entwurf stammte von Ludwig Ferdinand Hesse, Christian Heinrich Ziller leitete die Ausführung. Als die gelbe Backsteinkirche für die stark wachsende Gemeinde zu klein geworden war, errichtete man unmittelbar neben ihr die neugotische Bethlehemkirche aus rotem Backstein nach Plänen von Ludwig von Tiedemann. An dieses 1899 von Kaiserin Auguste Victoria eingeweihte, 1841/45 zerstörte und 1952 abgeräumte Gotteshaus erinnert heute nur eine Ziegelschicht auf dem Rasen. Doch auch die verfallene Alte Neuendorfer Kirche sollte in den 1970er Jahren zugunsten einer Autostraße abgerissen werden. 1975 wurde das Dach entfernt, das Gewölbe stürzte 1979 ein. Ein engagierter Förderverein hat sich um den von 1998 bis 2006 erfolgten Wiederaufbau verdient gemacht.

13 Weberhäuser der Kolonie Nowawes

Adresse
Weberplatz

Baujahr
1751–54, 1764–67

Bauherr
König Friedrich II.

Architekten
Wolf Friedrich von Retzow, Wilhelm von Anhalt, Heinrich Ludwig Manger

Zur auch wirtschaftlich begründeten Toleranzpolitik unter Friedrich II. gehörte ab 1750 die Ansiedlung protestantischer böhmischer Weber und Spinner in dem durch Kriege und Pest geschwächten Land. Den angeworbenen Glaubensflüchtlingen wurden nördlich des mittelalterlichen Ortes Neuendorf auf einem öden Flecken errichtete kleine Häuser bzw. Haushälften als Wohn- und Arbeitsstätte mit einem Garten zur Selbstversorgung überlassen. Der Absatz der produzierten Stoffe, später auch von Nussholz und Seidengarn, war streng reguliert. Der 1. Bauabschnitt von 1751–54 umfasste 150 Häuser; die Siedlung erhielt den Namen Nowawes (böhmisch für Neuendorf). Die Durchführung stand unterm Kommando von Oberst Wolf Friedrich von Retzow. Zum Projekt gehörte auch die Errichtung der Boumannschen Friedrichskirche auf dem Weberplatz. 1764–67 folgte der 2. Bauabschnitt mit weiteren 45 Häusern. Bei den Weberhäusern, von denen heute noch etwa 100 vorhanden sind, handelt es sich um eingeschossige, meist fünfachsige, traufständige Fachwerkhäuser mit Krüppelwalmdach. Je zwei Familien teilten sich ein Haus, ihnen stand jeweils eine große Stube mit Webstuhl als Wohn- und Arbeitsraum, ein Schlafraum im hinteren Bereich und eine Schwarze Küche zur Verfügung. Beispiele sind die Häuser Weberplatz Nr. 3 (1753; 1998–99 originalgetreu saniert), das Alte Pfarrhaus, Karl-Liebknecht-Straße 28 (1752, diente zugleich als Schulhaus, 1994–95 saniert) und das Webermuseum, Karl-Liebknecht-Straße 23 (1752, zur Hälfte original erhalten, gehört zur ältesten Bausubstanz der Kolonie, 1995–96 saniert). Die auffällig breiten Wege und Flächen vor den Häusern dienten einst als Bleichwiesen. Heute ist das Weberviertel von kleinteiligen Grundstücken mit unterschiedlichen Haustypen geprägt, man findet die erwähnten Weberhäuser, aber auch fünfgeschossige Mietshäuser der Gründerzeit.

14 Wohnanlage am Weberplatz

Adresse
Weberplatz 24–25

Baujahr
2000–01

Bauherr
Weberplatz 24–25 GbR

Architekt
Anne Lampen

Babelsberg

Das tiefe Grundstück am Babelsberger Weberplatz 24/25 verbirgt hinter einem rekonstruierten historischen Weberhaus Neubauten der besonderen Art. Die Architektin Anne Lampen entwarf hier einen Komplex aus vier angrenzenden, gestaffelt angeordneten Einzelhäusern. Jedes genügt mit individuellen Grundrissen den unterschiedlichen Ansprüchen der jeweiligen Haushalte. Auch die ausdrucksstarken Fassaden mit Holzisolierfenstern und großflächigen Glas-Stahl-Konstruktionen variieren im Detail. Über den zweigeschossigen Holzständerbauten erheben sich kleinere, mit einem Pultdach versehene Obergeschosse sowie Terrassen. Massiv gemauerte Wände entweder mit eingefärbtem Putz oder mit Lärchenholzverschalungen im Außenbereich sowie Lehmputz im Innenbereich trennen die einzelnen Einheiten voneinander ab. Die großzügige Grünfläche nutzen dagegen alle Familien gemeinsam. Der hohe ökologische Anspruch des Projekts wurde von den Bauherren und heutigen Bewohnern selbst formuliert. Beispiele dafür sind Zellulosedämmung, Holzbalkendecken, Erwärmung von Brauchwasser durch Solarkollektoren sowie künftig auch Gründächer. Insbesondere die filigrane Lärchenholzverschalung stellte hohe Anforderungen an die Handwerksfirmen. Die Wohnanlage ist ein gelungenes Beispiel für die Synthese kosten- und baulandsparenden Bauens inmitten des Sanierungsgebietes Babelsberg, hoher Wohnqualität sowie ökologischer Technologien und Materialien. Sie wurde mit dem Brandenburgischen Bauherrenpreis und als zukunftweisendes Beispiel für Eigentumsbildung in der Innenstadt durch das Ministerium für Stadtentwicklung, Wohnen und Verkehr des Landes Brandenburg ausgezeichnet.

15 Weberplatz, Friedrichskirche

Adresse
Weberplatz

Baujahr
1752–53, 1912, 1928

Bauherr
König Friedrich II.

Architekt
Johann Boumann d. Ä.

Friedrich II. veranlasste den Bau der nach ihm selbst benannten Kirche für die damals in der Kolonie Nowawes angesiedelten böhmischen Weber, doch wurde sie bald als Simultankirche gleichermaßen von der tschechischsprachigen wie von einer deutschen Gemeinde genutzt. Auf dem dreieckigen Weberplatz stehend bildet sie den Mittelpunkt der in den Augen des Königs sehr wichtigen Siedlung. Boumann schuf einen schlichten, aber statt-lichen Saalbau über gestrecktem oktogonalen Grundriss und mit einem gedrungenen Turm. Das Ziegelmauerwerk ist mit kräftigen Rustizierungen durchgängig verputzt. Innen besitzt die klassizistisch-sparsam geschmückte Friedrichskirche eine flache Decke, eine zweigeschossige hölzerne Hufeisenempore und eine bauzeitliche Mittelkanzel. Die Sakristei im Osten wurde 1912, die zwei symmetrischen Treppentürme im Westen 1928 angefügt.

16 Bahnhof Babelsberg

Adresse
Rudolf-Breitscheid-Straße

Baujahr
1913

Die Rudolf-Breitscheid-Straße und die parallele Benzstraße bildeten einst einen überaus breiten gemeinsamen Boulevard: die von acht Baumreihen gesäumte, 72 Meter breite Alte Lindenstraße. Als man sie 1771 in Nowawes anlegte, sollte der Vorgängerweg erhalten bleiben, auf dem das Vieh von Neuendorf zur Weide getrieben wurde, und es wurde viel Platz zum Trocknen der Stoffe der ansässigen böhmischen Weber benötigt. Diese Trasse konnte später hervorragend für die 1838 gebaute Bahnlinie Berlin – Potsdam genutzt werden. Anfangs verlief diese Linie zu ebener Erde. Ein Bretterzaun rechts und links sollte verhindern, dass Menschen oder Tiere auf die Gleise liefen. Um 1866 erhielten Nowawes und Neuendorf eigene Haltestellen. Der heutige Bahndamm wurde erst von 1911 bis 1914 angelegt und in diesem Zusammenhang auch der Bahnhof Babelsberg. Seit 1997 wird er saniert.

17 Oberlinhaus

Adresse
Rudolf-Breitscheid-Straße 57–73

Baujahr
1877, 1890, 1905, 1910, 1925–27, 1930

Bauherr
Oberlin-Verein

Architekten
**Siedlungsgenossenschaft Brandenburg,
Ernst Kopp, Ludwig von Tiedemann,
Max Beyertt, Baurat Klein**

Der nach dem Sozialreformer Oberlin benannte Verein zog 1874 nach Nowawes und schuf dort ein sich beständig vergrößerndes diakonisches Dienstleistungsunternehmen mit vielfältigen medizinischen und sozialen Betreuungsangeboten. Als Zentrum der neuen Anlage entstand 1877 das mit gotisierenden Elementen geschmückte Diakonissenmutterhaus, in dem später auch eine Poliklinik und eine Krankenstation ihre Dienste aufnahmen. Es folgten zahlreiche Ergänzungs- und Erweiterungsbauten, wobei man stets die vorhandene Bebauung berücksichtigte: Für das gesamte Ensemble sind rote Klinkerfassaden charakteristisch. Auch das 1890 eingeweihte Allgemeine Krankenhaus, Ludwig von Tiedemanns Kapelle und das Kreiskrankenhaus von 1910 folgen diesem Bild. Ein weiteres markantes Gebäude ist das Feierabendhaus (1927) mit abgerundeter Ecklösung, das in seiner Geschlossenheit und Strenge preußische Bautraditionen neuformuliert, aber auch modisch-expressionistischen Dekor aufweist.

18 Katholische Kirche St. Antonius

Adresse
Plantagenstraße 23–24

Baujahr
1933–34

Architekt
Wilhelm Fahlbusch

Die katholische Pfarrkirche St. Antonius wurde am 15. April 1934 geweiht. Wilhelm Fahlbusch hatte einen modernen Saalbau mit schiffbreiter Apsis, niedrigem Seitenschiff und asymmetrisch angeordnetem Glockenturm entworfen, der mit großen Putzflächen, verklinkerten Türeinfassungen, spitzem Turmhelm sowie figürlicher Fassadenplastik von Otto Hitzberger teils neusachliche, teil expressionistische Stilelemente aufweist. Der Innenraum kulminiert in der indirekt beleuchteten Apsis mit einem heroisierenden Mosaik »Anbetung des Lammes« von Egbert Lammers (1942). Die Orgel baute die Potsdamer Firma Schuke 1993 ein. Seit 1999 ist auch das Geläut der vier Bronzeglocken wieder in Babelsberg zu hören.

19 Sternwarte Babelsberg

Adresse
An der Sternwarte 16

Baujahr
1911–13, 1998–2001

Architekten
**Georg Thür,
Thomas Kleine-Allekotte**

Weil die hohe Staubkonzentration und Lichtstreuung in der Hauptstadt die Beobachtungen erschwerte, entschloss sich die kaiserliche Wissenschaftsverwaltung, astronomische Forschungen von Berlin nach Potsdam zu verlegen und dafür die Sternwarte Babelsberg zu bauen. Als diese 1915 fertiggestellt und u.a. mit einem 65-Zentimeter-Refraktor von Carl Zeiss eingerichtet war, gehörte sie zu den bestausgerüsteten und modernsten astronomischen Forschungsinstituten der Welt. 1924 kam noch das mit 120 Zentimetern weltweit zweitgrößte Spiegelteleskop hinzu. (Dieses Gerät wurde nach dem II. Weltkrieg als Reparationsleistung in die Sowjetunion verbracht und auf der Krim aufgestellt.)

Das von Georg Thür bis 1913 errichtete zweigeschossige verputzte Hauptgebäude der Anlage erhebt sich über einem breiten ovalen Grundriss, welcher in der Mitte von einem großen Kuppelbau kreisrund überschnitten wird. Wegen seiner drei Refraktorkuppeln, aber auch wegen der Fassadengestaltung mit Pilastern und Rundbogenfenstern erinnert das Gebäude wohl bewusst an Schloss Sanssouci. Seine bauliche Struktur und Ausstattung sind nahezu vollständig erhalten.

Seit 1992 gehört die Sternwarte zum Astrophysikalischen Institut Potsdam (AIP). Unter dessen Ägide kam es zur umfassenden Sanierung, aber auch zu mehreren Um- und Neubauten von Forschungs- und Wohngebäuden. Besondere Aufmerksamkeit verdienen hier die drei sogenannten Meridianhäuser. Die technikgeschichtlichen Denkmale fallen durch tonnengewölbte Dächer mit Holzlamellen auf, die nach Bedarf durch Verschieben geöffnet werden können. Thomas Kleine-Allekotte fügte ihnen einen verbindenden Ausstellungsneubau hinzu. Ferner konzipierte er den Umbau des ehemaligen Spiegelteleskopgebäudes zur Bibliothek.

20 Landhaus Riehl

Adresse
Spitzweggasse 3

Baujahr
1906–07

Bauherr
Alois Riehl

Architekt
Ludwig Mies van der Rohe

1906 beauftragte der namhafte österreichische Philosoph Alois Riehl den erst zwanzigjährigen Mies van der Rohe mit der Planung seines Alterssitzes in der Babelsberger Villenkolonie, der von Riehl auch »Klösterli« genannten »Villa überm See«. Das Haus gilt als Mies' Erstlingswerk. Der Putzbau mit hohem Satteldach, Zwerchhaus, Fledermausgauben und Terrasse weist eher traditionelle Formen und Proportionen auf, und doch schlägt es in seiner Klarheit, die sich sowohl vom wilhelminischen Historismus als auch vom Jugendstil distanziert, einen Brückenschlag zur Moderne. Das gilt insbesondere für die Gartenseite zum Griebnitzsee hin, wo über einem Hang eine abstrakt wirkende, extravagante lange Sockelmauer des Hauses das Bild bestimmt. Nach sorgfältiger Sanierung Ende der 1990er Jahre entsprechen Haus und Außenanlagen wieder weitgehend dem ursprünglichen Zustand.

21 Wohnhaus Mathies

Adresse
Baldurstraße 6

Baujahr
1937

Bauherr
Ehepaar Mathies

Architekt
Egon Eiermann

Obwohl sich Egon Eiermann in den NS-Jahren auf den Industriebau konzentrierte, um seine moderne Architekturkonzeption verfolgen zu können, gelang ihm auf dem großen Gartengrundstück des Ehepaars Mathies ein bemerkenswerter Wohnbau, der sich deutlich vom damals sonst Üblichen abhob. Das gilt sowohl für die winkelförmige Grundrissgestaltung – die Wohnräume gehen ineinander über, auch die Geschosse sind offen verbunden – wie für die spannungsvoll-puristische, die Umgebungsbebauung ignorierende Behandlung der Kuben und Proportionen. Der Schornstein steht unkonventionell im eingeschossigen »Anbau«, die Fenster grenzen bündig an den Binnenwinkel der Flügel. Zu beachten sind ferner die Fassadengestaltung mit einer »Quetschfuge« zwischen den gekalkten Ziegelsteinen sowie die »wilde« Schieferdeckung des tief heruntergezogenen Satteldaches.

22 Wohnanlage der GEWOBA

Adresse
**Paul-Neumann-Straße 8–54, 56–62, 33a,
Blumenweg 28–32, Althoffstraße 1–2,
Pestalozzistraße**

Baujahr
1928–38

Bauherr
GEWOBA e.G. zu Nowawes

Architekten
Willi Ludewig, Otto Köhler

Nachdem 1928 auf Initiative des SPD-Magistrats die örtliche Wohnungsbaugenossenschaft Gewoba gegründet und von der Stadt mit Bauland versorgt worden war, begannen sogleich die Planungen einer in drei Abschnitten realisierten Anlage. 1938 umfasste sie acht Läden und 344 Zwei- bis Dreieinhalbzimmerwohnungen mit Warmwasser, Zentralheizung und Bad. Architekt des ersten und größten, vor allem zu Beginn strikt den Prinzipien des Neuen Bauens verpflichteten Bauabschnitts einschließlich des zentralen Heizhauses war der damals im sozialen Wohnungsbau vielbeschäftigte Willi Ludewig. Verklinkerte Balkone und Loggien sowie Sockel und Treppenhauserker gliedern die Fassaden der zwei- und dreigeschossigen Putzbauten. Auch wenn spätere Häuser Walm- anstatt Flachdächer aufweisen, haben sie doch wenig gemein mit dem Zeitgeschmack der NS-Jahre.

23 Haus Gugenheim

Adresse
Johann-Strauß-Platz 11

Baujahr
1921/22

Bauherr
Fritz Gugenheim

Architekt
Hermann Muthesius

Muthesius errichtete das in der Villenkolonie relativ bescheidene Haus 1921/22 für den Seidenfabrikanten Fritz Gugenheim bzw. dessen Sohn Hans. Das Gebäude, ein Spätwerk des für seine Landhausbauten bekannten Architekten, besitzt ein ausgebautes Mansarddach, einen zweigeschossigen Erker und einen seitlichen Altan und wurde auf rechteckigem Grundriss mit einer ziegelsichtigen Fassade und kleinteilig gesprossten Fenstern und Türen ausgeführt. Von einer asymmetrisch angeordneten großen Halle führt eine Treppe ins Obergeschoss. Teilweise noch unter Hans Gugenheim erfolgten später Erweiterungen und Veränderungen des Hauses. Nachdem die jüdische Familie 1938 Deutschland verlassen musste, wurde die Ufa-Schauspielerin Brigitte Horney neue Besitzerin. 1941 beherbergte sie Erich Kästner, der hier unter Pseudonym das Drehbuch für den Film »Münchhausen« schrieb.

24 Villa Urbig

Adresse
Virchowstraße 23

Baujahr
1915–17

Bauherr
Franz Urbig

Architekt
Ludwig Mies van der Rohe

Dieser am Griebnitzsee gelegene frühe Bau Mies van der Rohes trägt noch kaum dessen spätere Handschrift. Mies' erster Entwurf eines wenig repräsentativen eingeschossigen Baus mit Flachdach hatte nicht den Vorstellungen seiner Auftraggeber entsprochen. So schuf er für den Bankier Franz Urbig eine abstrakt-klassizistische, aber auch barock wirkende großbürgerliche Villa. Das zweigeschossige, rosafarben verputzte Gebäude erhebt sich über einem rechtwinkligen Grundriss, die travertingerahmten »Französischen« Fenster sind im Erdgeschoss bis zum Boden geführt. Die Fassade wird durch flache, aber kräftige Pilaster gegliedert. Zu den sparsam eingesetzten Schmuckelementen zählen Ziergitter an den Balkonen. Modernere Prinzipien finden sich eher in der Innenausstattung des jüngst sanierten Hauses, das während der Potsdamer Konferenz 1945 Winston Churchill als Wohnsitz diente.

25 Stadtvillen Virchowstraße

Adresse
Virchowstraße 1, 3, 5

Baujahr
1998

Bauherr
GbR Virchowstraße 1/3/5 mbH

Architekten
Wolfgang Schulz, Alexander Huster

Das Potsdamer Architektenbüro Schulz & Huster plante 1998 auf einem großzügigen Grundstück am Ufer des Griebnitzsees ein Ensemble aus drei Stadtvillen. Dabei strebten sie einen Dialog mit einer nahegelegenen historischen Turmvilla an und respektierten den alten Baumbestand. Außerdem legten sie Wert auf die Sichtbeziehung zum See; zwei der Gebäude sind direkt zum Wasser orientiert. Die aus einzelnen Kuben komponierten, in sich gestaffelten, über einem Klinkersockel errichteten weißen Gebäude besitzen großzügige Balkone, Wintergärten und Terrassen. Das Gartengeschoss zum See dient zugleich dem Erdgeschoss als Terrasse. Jede Villa bietet Platz für sechs oder sieben Wohnungen. Alle drei Häuser werden über eine gemeinsame Tiefgarage komplett barrierefrei erschlossen.

26 Villa Herpich

Adresse
Karl- Marx-Straße 27

Baujahr
1910/11

Bauherr
Paul Herpich

Architekt
Alfred Grenander

1910 beauftragte der wohlhabende Pelzhändler Paul Herpich den vor allem wegen seiner Berliner S- und U-Bahnhöfe bekannten schwedischen Architekten Alfred Grenander mit dem Bau seiner Villa am Griebnitzsee. Ihre sachliche Formensprache hebt sich deutlich von den früher oder zeitgleich entstandenen historistisch-eklektizistischen Häusern in der Umgebung ab. Das zweigeschossige, symmetrische Gebäude mit einem seitlichen Bediensteten- und Wirtschaftsflügel besitzt im Erdgeschoss unter anderem eine repräsentative Diele mit Empfangszimmer sowie ein Herrenzimmer mit Zugang zu einer Loggia und einer in den Garten führenden großzügigen, geschwungenen Freitreppe. Grenander hatte im übrigen auch die Gestaltung des Gartens zum See hin übernommen. Weil Stalin während der Potsdamer Konferenz hier wohnte, wird das Haus bis heute auch »Stalin-Villa« genannt.

27 Villa Sarre

Adresse
Spitzweggasse 6

Baujahr
1906

Bauherr
Friedrich Sarre

Architekt
Otto Sior

1906 errichtete Otto Sior für Professor Friedrich Sarre, Direktor der islamischen Abteilung im Kaiser-Friedrich-Museum – dem heutigen Pergamon-Museum auf der Museumsinsel in Berlin –, eine großzügige Villa auf einem Höhenzug über dem Griebnitzsee. Die zweigeschossige Turmvilla im Stil der italienischen Frührenaissance diente ihm als Wohnsitz, aber auch für seine Privatsammlung. Während auf einem Gebäudeflügel ein mit offenem Säulengang versehener Aussichtsturm fußt, ist das Obergeschoss des zweiten Flügels mit einem offenen Arkadengang ausgeführt. Dort befindet sich eine Nachbildung jenes Löwenfrieses, der im Pergamonmuseum die dort rekonstruierte Prozessionsstraße aus Babylon ziert. 1945 wurde die Villa als sowjetische Kommandantur genutzt, von 1957 bis 1993 durch die Hochschule für Film und Fernsehen.

28 Villa Müller-Grote

Adresse
Karl-Marx-Straße 2

Baujahr
1891–92

Bauherr
Carl Müller-Grote

Architekten
**Heinrich Joseph Kayser,
Karl von Großheim**

Babelsberg

Der Berliner Buchhändler und Verleger Carl Müller-Grote ließ 1891 auf seinem Seegrundstück eine der repräsentativsten Villen der Kolonie Neubabelsberg errichten. Der zweigeschossige, von Gewänden und Gesimsen aus rotem Sandstein gegliederte Putzbau weist vor allem an der asymmetrisch gestalteten Straßenseite und mit seinen Fachwerkgiebeln Elemente des Landhausstils auf. Die Seefassade mit zwei Schildgiebeln in den Formen der Neorenaissance folgt dagegen Prinzipien traditioneller Villenarchitektur. Während der Potsdamer Konferenz bewohnte US-Präsident Harry S. Truman die deshalb auch »Little White House« genannte Villa und entschied hier den Abwurf beider Atombomben auf Japan. Die wertvolle Gartenanlage wurde bei der Errichtung der DDR-Grenzbefestigungen zerstört. Heute ist die Villa Sitz der FDP-nahen Friedrich-Naumann-Stiftung für die Freiheit.

29 Bahnhof Griebnitzsee

Adresse
Rudolf-Breitscheid-Straße

Baujahr
1930–31

Bauherr
Deutsche Reichsbahn

Architekt
Reichsbahnrat Günther Lüttich

Der heutige Bahnhof Griebnitzsee entstand 1874 an der Alten Wannseebahn zwecks Erschließung der Neubabelsberger Villenkolonie. Es handelte sich um einen pittoresken Holzpavillon, der ein Jahr zuvor auf der Weltausstellung in Wien zu sehen war. 1930 wurde er durch einen neusachlich-schlichten, U-förmigen Klinkerbau ersetzt. Halbrund ausgeformte Pavillons bilden das Ende der flachgedeckten Flügel. Die dominierende, etwa doppelt so hohe Eingangshalle wird von ornamental gestalteten Fensterbändern belichtet. Von der ursprünglichen Bahnanlage zeugen lediglich noch gusseiserne Stützen und die Unterkonstruktion der Bahnsteigüberdachung sowie ein kleines Dienstgebäude. Von 1961 bis 1989 war der Bahnhof für den Nahverkehr gesperrt und diente der DDR als Grenzbahnhof sowie Grenzübergangsstelle.

30 Hochschule für Film und Fernsehen

Adresse
Marlene-Dietrich-Allee 11

Baujahr
1998–2000

Bauherr
Hochschule für Film und Fernsehen

Architekten
me di um Architekten

Auf dem traditionsreichen früheren Ufa- bzw. DEFA-Film-gelände öffnete im Jahr 2000 der Neubau der Hochschule für Film und Fernsehen »Konrad Wolf« seinen spielerisch durch mikado-ähnliche Stützen akzentuierten Hauptein-gang. Der dynamisch wirkende Komplex besteht aus fünf kammartig angeordneten Einzelhäusern, die über glä-serne Atrien miteinander verbunden sind und von einer transparenten thermischen Hülle umfasst werden. Die dadurch forcierte passive Nutzung der Sonnenenergie bewirkt eine energiesparende Temperierung Räume, wie man überhaupt großen Wert auf ökologische Lösungen und natürliche Belichtung gelegt hat. Glasüberdachte Wintergärten zwischen den einzelnen Baukörpern leiten natürliches Licht ins Innere des Gebäudes.

31 Filmstudios Babelsberg

Adresse
August-Bebel-Straße, Marlene-Dietrich-Allee, Großbeerenstraße

Baujahr
1911–19, 1922–27, 1929–39, 1954–66

Bauherr
Deutsche Bioscop-Gesellschaft, UFA, DEFA

Architekten
u. a. Ignatz Kersting, Carl Stahl-Urach, Otto Kohtz

Die Geschichte der Babelsberger Filmstudios begann be-reits 1911, doch erst nachdem 1921 die UFA das Gelände von der Decla-Bioscop AG übernahm, gelangten sie zu Weltgeltung. Der UFA-Architekt Kersting begann sogleich mit der Planung des ausgedehnten Areals entlang einer zentralen Achse mit zwei Torhäusern. In den folgenden Jahren entstanden zahlreiche innovative Funktionsge-bäude, darunter 1927 das damals weltgrößte Kunstlicht-studio, die heutige Marlene-Dietrich-Halle, sowie 1929 das auf kreuzförmigem Grundriss für Tonaufnahmen er-richtete, neusachlich-monumentale »Tonkreuz« von Otto Kohtz. Wie wichtig die Studios für das NS-Regime war, zeigt sich an einem von vergröbert-klassizistischen Pfeiler-hallen flankierten Aufmarschplatz von 1939. Nach dem II. Weltkrieg, als die DEFA Hausherrin der Studios war, kam es zu weiteren Ergänzungen, darunter die Kantine.

32 Medienstadt Babelsberg

Adresse
Marlene-Dietrich-Allee, August-Bebel-Straße, Großbeerenstraße, Stahnsdorfer Straße

Baujahr
1997–2003

Architekten
Hilmer & Sattler, Valode & Pistre (städtebaulicher Entwurf), Layahni & Takamatsu, Jörn-Peter und Helga Schmidt-Thomsen, Fehr & Partner, Busmann & Haberer u.a.

Babelsberg

Seit Ende der 1990er Jahre entsteht in Babelsberg unter Einbeziehung des historischen Filmstudiogeländes auf 46 Hektar der deutschlandweit drittgrößte Standort moderner Medienproduktionen. Er umfasst u.a. die Filmhochschule, das Filmstudio Babelsberg, einen Erlebnis-Filmpark sowie das RBB-Zentrum mit mehreren Rundfunk- und Fernsehstudios. Als erstes wurde das »fx-Center« mit einer technoid-eleganten Aluminium-Blech-Fassade realisiert. Es bildet einen reizvollen Kontrast zu den Bauten des RBB, deren unprätentiöse Fassadengestaltung durchgängig auf der Verwendung handgestrichener Glindower Ziegel beruht. Der Bereich des RBB integriert mit der ehemaligen Kunstblumenfabrik von 1897/98 auch die Keimzelle der Medienstadt. Bedeutsam ist ferner der Neubau des Deutschen Rundfunkarchivs, dessen Fassade seine Hauptfunktionen aufzeigt: hier ein verschlossen wirkendes Magazin, da ein transparenter Verwaltungstrakt.

33 Hasso-Plattner-Institut

Adresse
Prof.-Dr.-Helmert-Straße 2–3

Baujahr
2000–01

Bauherr
Hasso-Plattner-Institut

Architekten
Braun & Voigt und Partner

Das HPI ist ein an die Universität Potsdam angegliedertes unabhängiges Elite-Institut zur Ausbildung von IT-Ingenieuren. Es entstand sowohl mit öffentlichen Fördermitteln als auch mit Hilfe einer Stiftung von Hasso Plattner, Mitgründer des SAP-Konzerns, dessen privater Finanzaufwand der höchste ist, der je für eine deutsche Universität geleistet wurde. Das aufgelockerte Ensemble besteht aus zwei dreigeschossige Bauten – dem Hauptgebäude mit Cafeteria und dem Informatik-Institut der Universität Potsdam – sowie einem zweigeschossigen Hörsaaltrakt, eingebettet in eine anregende Parklandschaft mit Wasserläufen, Stegen und Grünflächen. Die drei Hörsäle ordnen sich um ein lichtdurchflutetes, gläsernes Foyer. Die strenge, aber auch elegante Architektur wird bestimmt vom Kontrast massiver Lochfassaden aus Ziegelmauerwerk mit großzügigen Glasflächen.

34 Berufsbildungswerk des Oberlinhauses

Adresse
Steinstraße 80–84

Baujahr
1995–2004

Bauherr
Berufsbildungswerk im Oberlinhaus gGmbH

Architekten
GKK + Partner

Das dem Oberlinhaus angegliederte Berufsbildungswerk dient als neue Lebens- und Ausbildungsstätte für behinderte Jugendliche. Das barrierefrei konzipierte und in ein Waldgebiet integrierte Ensemble umfasst vier Internatsgebäude, vier Werkstätten, mehrere Betreuungs- und Verwaltungsbauten sowie eine Mehrzweckhalle, ein Therapiebad und Sportanlagen. Die Grundrisse, Fassadengestaltungen und Dachformen folgen der jeweils spezifischen Funktion der Bauteile, wobei man viel Wert auf natürliche Belichtung und die Schaffung von Kommunikations- und Grünzonen legte. Ein übergreifendes Farbkonzept und gut wahrnehmbare Außendetails ermöglichen es den Bewohnern, die Einzelgebäude und deren Funktionen selbständig zu unterscheiden.

35 Investitionsbank des Landes Brandenburg

Adresse
Steinstraße 104–106

Baujahr
1995–96

Bauherr
Investitions- und Landesbank Brandenburg

Architekten
Lindner, Roettig & Klasing

Das am östlichen Stadtrand Potsdams innerhalb eines Verwaltungskomplexes befindliche Bauensemble der Investitions- und Landesbank Brandenburg wurde auf einem ehemaligen Kasernengelände der DDR-Grenztruppen errichtet. Es besteht aus drei parallel angeordneten viergeschossigen Gebäuden, einem zweigeschossigen Querriegel, der sie kammartig verbindet, sowie einem elfgeschossigen Hochhaus. Insbesondere das Energiekonzept dieses Neubaus galt Mitte der 1990er Jahre als sehr innovativ. Es basiert sowohl auf einem hocheffizienten Heizungs- und Kühlsystem als auch auf intelligenten automatischen Beleuchtungs- und Belichtungslösungen. Alle Büros sind mit Primärbelüftung und Wasserkühldecken ausgerüstet; das Spangengebäude besitzt einen begrünten Dachgarten.

Adresse
Nuthestraße

Baujahr
1993–96

Bauherren
**Immobilien KG Schermann + Co.,
ECE Projektmanagement GmbH & Co. KG**

Architekten
nps Nietz, Prasch, Sigl

Der Name des Potsdamer Stadtteils Stern geht auf ein in der Parforceheide 1724–29 angelegtes achtstrahliges Wegesystem zurück. Wenige Jahre später wurde ein dort befindliches Jagdschloss danach benannt – und weitere hundertfünfzig Jahre später auch das von 1973 bis 1989 errichtete große Wohngebiet »Am Stern«. In dessen fünfgeschossigen Zeilenbauten und elf- bis fünfzehngeschossigen Punkthochhäusern befinden sich über 5000 Wohnungen. Die Plattenbausiedlung verfügt über großzügige begrünte Innenhöfe. Da die für Dienstleistungszwecke errichteten Flachbauten nicht mehr heutigen Konsumgepflogenheiten genügen, baute die Otto-Versand-Tochter ECE Mitte der 1990er Jahre für die Wohnquartiere »Am Stern« im Norden und Drewitz im Südosten ein Einkaufszentrum mit einer Verkaufsfläche von rund 40 000 Quadratmetern.

Über dem nahezu quadratischen dreigeschossigen Verkaufsgebäude des Stern-Centers befindet sich ein ebenfalls quadratisches, jedoch um 45 Grad gedrehtes zweigeschossiges Parkdeck. Durch diese eigenwillige Lösung entsteht eine sternförmige Großform von acht Ecken, die mit den angrenzenden Wohngebieten korrespondiert. Eine T-förmige Passage lädt ebenerdig zum Einkaufsbummel ein und setzt sich in den beiden oberen Etagen in einem großzügigen Luftraum fort, der von einem Glasdach abgeschlossen wird. Gefasst wird der Gebäudekomplex von fünfgeschossigen Bürobauten und der vierundzwanziggeschossigen Höhendominante der »Stern Plaza«.

Drewitz / Kirchsteigfeld

Nuthedamm

M.-Juchacz-Str.

Trebbiner Straße

115

Das urkundlich erstmals 1228 erwähnte, südwestlich von Potsdam und Babelsberg an den Nuthewiesen gelegene **Drewitz** gehört zu den ältesten nachgewiesenen Orten der Region. Sein Name geht auf die vom 7. bis zur Mitte des 12. Jahrhunderts währende slawische Besiedlung zurück und leitet sich vom Begriff »Waldbewohner« ab. Funde belegen aber, dass hier auch schon in der Mittelsteinzeit Jäger und Fischer siedelten. Seit 1939 ist Drewitz ein Ortsteil von Potsdam. Der historische Kern des Angerdorfs mit Kirche und Friedhof stammt aus der ersten Hälfte des 18. Jahrhunderts.

Der Wald bei Drewitz heißt wegen der damals beliebten berittenen Hetzjagden des Soldatenkönigs Parforceheide. Friedrich Wilhelm I. ließ um 1730 sternförmig sechzehn schnurgerade doppelte Schneisen – den »Stern« – in den Wald schlagen und im Zentrum ein kleines, schlichtes Jagdschloss in der Art holländischer Bürgerhäuser errichten.

Westlich und südwestlich der Parforceheide befinden sich die zwischen 1970 und 1989 entstandenen Plattenbaugroßsiedlungen Drewitz und Am Stern. Fünfgeschossige Wohnblocks und Punkthochhausgruppen bestimmen hier das Bild. In jüngster Zeit sind die Siedlungen infolge umfangreicher Sanierungen und Wohnumfeldverbesserungen deutlich attraktiver geworden. Eine wichtige Rolle spielt dabei auch das erste und größte Einkaufszentrum Potsdams, das »Stern-Center«.

Weiter südlich wurde von 1993 bis 1998 das größte Wohnbauvorhaben Ostdeutschlands nach der »Wende« realisiert, das **Kirchsteigfeld**. Im Unterschied zur Einheitsmoderne des sozialistischen Plattenbaus sollten vielfältige postmoderne Ansätze eine gleichermaßen urbane wie naturnahe, geschichtsbewusste wie zeitgemäße Siedlung von aufgelockerter Struktur und »menschlichen« Dimensionen ermöglichen.

1 Dorfkirche Drewitz

Adresse
Alt Drewitz

Baujahr
1732

Architekten
**Johann Gottfried Kemmeter,
Christian Heinrich Ziller (Wiederaufbau)**

Die Drewitzer Dorfkirche wurde 1732 auf Erlass des Soldatenkönigs Friedrich Wilhelm I. durch Johann Gottfried Kemmeter, der auch auf Schloss Rheinsberg tätig war, errichtet. Es handelt sich um einen – in Brandenburg sehr seltenen – Zentralbau über quadratischem Grundriss. Der schlichte, fast würfelförmige, verputzte Fachwerkbau trägt ein steiles Zeltdach und eine hölzerne Glockenlaterne. Im Norden führt eine kleine Eingangshalle in

den mit einer flachen Holzdecke versehenen Innenraum, dessen einziger Schmuck eine barocke Mittelkanzel ist. Durch die an allen Seiten befindlichen Segmentbogenfenster fällt viel Tageslicht in den Saal. Schon 1812 stand die erste Sanierung der Kirche an. Nach einem Blitzschlag 1888 baute Ziller das Gotteshaus wieder auf. Eine Orgel aus dem Jahr 1894 wurde 1982 durch die Potsdamer Firma Schuke instandgesetzt.

2 Wohngebäude im Kirchsteigfeld

Adresse
Kirchsteigfeld-Drewitzer Gemarkung

Baujahr
1993–98

Bauherren
Groth und Graalfs GmbH, Stadt Potsdam

Architekten
Rob Krier & Christoph Kohl (Stadtplanung)

Potsdam verzeichnet seit Jahren eine wachsende Einwohnerzahl. Das nahe Drewitz gelegene Gebiet Kirchsteigfeld war ein erster und gelungener Versuch, dem gestiegenen Wohnungsbedarf zu begegnen. Auf 58 Hektar entstanden 2500 neue Miet- und Eigentumswohnungen. Zahlreiche Architekten schufen nach Maßgabe von Krier und Kohl eine lebendige, scheinbar »gewachsene« Stadt aus drei- bis viergeschossige Häusern. Kräftige Farben,

postmodern-historisierende Zitate, stehende Fensterformate, Sattel- und Flachdächer, aber auch viele öffentliche Grünflächen, Stadtplätze und Hofbereiche suggerieren einen kleinstädtischen Charakter. Im Ortsteilzentrum befinden sich u.a. eine Kirche und ein Gesundheitszentrum, wie es überhaupt eine reiche Infrastruktur aus Gewerbe, Gastronomie, Dienstleistungs-, Kultur- und Freizeiteinrichtungen gibt.

3 Versöhnungskirche

Adresse
Anni-von-Gottberg-Straße 14

Baujahr
1996 – 97

Architekt
Augusto Romano Burelli

Der venezianische Architekt Burelli schuf im Zentrum des neuen Stadtgebiets Kirchsteigfeld einen großen, sowohl kirchlich als auch kommunal genutzten Komplex aus Kirche, Gemeinderäumen, Pfarrwohnungen, Vortragsräumen der Volkshochschule, Ausstellungsräumen, Büros, einer Bibliothek, einer Musikschule mit eigenem Saal und sogar einem Stadtteilladen als Begegnungs- und Veranstaltungsort. Der Baukubus ist durch eine Passage und einen von Pergolen umgebenen Vorhof aufgelockert. Sämtliche Gebäude sind einheitlich in einfacher Bauweise aus Porotonziegeln errichtetet. Ihre weißen Fassaden durchziehen ockerfarbene Farbbänder – und erinnern mit diesem Dekor ein wenig an italienische Kirchenbauten wie zum Beispiel in Siena.
Die 1997 geweihte ökumenische (evangelische und evangelisch-methodistische) Versöhnungskirche mit ihrem 41 Meter hohen Glockenturm bildet die städtebauliche Dominante des Neubauviertels. Der Turm, dessen vierseitige pyramidale Spitze Solarzellen einer Photovoltaikanlage trägt, dient als Lichtschacht für den Altarraum. Im Erdgeschoss dringt er eigenwillig in die Passage des Gemeindezentrums ein. Turm und Kirchsaal sind etwas aus der Achse des übrigen Ensembles gedreht und wollen so »Kirche in der Welt« symbolisieren – sich einfügend und doch »aneckend«.

Groß Glienicke / Sacrow / Klein Glienicke

Groß Glienicke

Freiheitstr.

Potsdamer Chaussee

Seepromenade

Groß Glienicker See

R.-Wagner-Str.

Sacrower See

Sacrow

Kladower Str.

Havel

Krampitzer Str.

Jungfernsee

Klein Glienicke

Königsstr.

Louis-Nathan-A.

Die drei durch Seen getrennten Stadtteile bilden den westlichen Rand Potsdams zu Berlin.

Das märkische Kleinod **Groß Glienicke**, das erst seit 2003 zu Potsdam gehört, wurde erstmals 1267 als Rittergut erwähnt. Eine teils wendische Besiedlung lässt sich aufgrund zahlreicher Waffenfunde allerdings bis in die Bronzezeit zurückverfolgen. Groß Glienicke ist gewissermaßen noch immer ein Opfer der ehemaligen deutsch-deutschen Teilung. 1945 wurde sein Ostteil zu West-Berlin und sein Westteil der DDR zugeschlagen – die Grenze verlief durch den Groß Glienicker See und direkt durch Ort und Rittergut. Im Zuge des Mauerbaus wurden mehrere Gebäude abgerissen. Erst heute beginnt man, verschiedene historische Bauten und den Gutspark wiederzuentdecken.

Auch das besonders reizvoll zwischen drei Seen gelegene **Sacrow** zahlte während der deutschen Teilung einen hohen Preis. Von der berühmten Heilandskirche von Ludwig Persius, die mitten auf dem Mauerstreifen stand, blieb nur die Hülle erhalten.

Klein Glienicke liegt im Südwesten der Insel Wannsee zu Füßen des Böttcherbergs und damit als Potsdamer Exklave sozusagen auf »Berliner« Gebiet. Früher war es ein selbständiges Dorf und wurde bereits 1375 im Landbuch von Kaiser Karl IV. erwähnt. Auch dieser Ort war jahrzehntelang Grenzsperrgebiet. Viele Gebäude haben die daraus resultierende Entsiedelung nicht oder nicht unbeschadet überdauert. Doch inzwischen wurde die Kapelle mit viel Bürgerengagement saniert, der Friedhof wird wieder hergerichtet, und auf den beräumten Grundstücken entstehen neue Einfamilienhäuser und Stadtvillen.

1 Ehemaliger Gutskindergarten in Groß Glienicke

Adresse
Am Park 16

Baujahr
**um 1870
2003–04 (Umbau)**

Bauherren
**Johann Heinrich Berger-Landefeldt;
S. Albers, M. Mönchmeier (Umbau)**

Architekten
3PO Bopst Melan (Umbau)

Das bereits im 13. Jahrhundert erwähnte Groß Glienicker Gut ging 1890 in den Besitz der Familie Wollank über, die hier eine moderne Milchproduktion etablierte. Um die Kinder seiner aus allen Teilen Deutschlands (und Polens) stammenden Landarbeiterinnen unterzubringen, ließ Otto Wollank 1900 einen »Erntekindergarten« errichten. Nicht zuletzt für solch soziales Engagement wurde er von Kaiser Wilhelm II. geadelt. Später wurde der eingeschossige Rohziegelbau mit mittigem Giebelrisalit als Schule, danach als Montagehalle von Industrielampen genutzt. Neben ihm befindet sich eine historische Schnitterkaserne. 2003 wurde der ehemalige Kindergarten zum Doppelwohnhaus hochwertig um- und ausgebaut. Der große Schulraum im Erdgeschoss blieb trotz Einbau eines Treppenhauses in seiner räumlichen Wirkung erhalten. Alle neu hinzugefügten Bauteile setzen sich in Material und Formensprache bewusst vom Bestand ab.

2 Gutspark Groß Glienicke

Adresse
Am Park

Die erste Gartenanlage entstand im 18. Jahrhundert unter der Familie von Ribbeck. Um 1850 ließ J. H. Berger-Landefeldt das Gut umgestalten und um eine Dampfbrennerei, eine Mühle sowie eine Ziegelei erweitern. Um das klassizistische Herrenhaus wurde ein Landschaftspark angelegt. Das aus Beton gefertigte Potsdamer Tor mit dreibogigem Aufsatz stammt wohl aus den 1890er Jahren und damit aus der Ära Otto Wollanks; der »Neugierde« genannte Aussichtspavillon daneben dürfte älter sein. Die Wollanks errichteten 1917 im Park ihre Grabanlage in Form einer halbrunden dorischen Kolonnade. 1945 brannte das Herrenhaus ab, der Park wurde infolge des Grenzregimes geteilt und ruiniert. Erhalten sind Ausstattungsreste wie eine gotisierende Ruine, ein gemauerter Brunnen, das Potsdamer Tor nebst Neugierde und das Wegesystem, aber auch ein wertvoller Bestand an alten Gehölzen.

3 Dorfkirche Groß Glienicke

Adresse
Dorfstraße 11a

Baujahr
**Anfang des 14. Jahrhunderts
1679–84 (Umbau)**

Die Groß Glienicker Dorfkirche ist im Kern ein rechteckiger Feldsteinquaderbau aus dem 13. oder 14. Jahrhundert. Von 1679 bis 1684 wurde sie umgebaut, eingewölbt, verputzt und neu ausgestattet. Der verbretterte Turmaufsatz wird von einer gedrungenen Pyramidenspitze bekrönt. Die frühbarocke, außergewöhnlich reiche Innenausstattung bezeugt den Anspruch und Rang der hier ansässigen Familie von Ribbeck, die über 200 Jahre das Patronat innehatte. Der polygonale Kanzelkorb ist mit Gemälden der Evangelisten geschmückt, an der Rückwand befindet sich eine Heilandsdarstellung. Die Predella des Altarretabels trägt ein Abendmahlsgemälde, der Aufsatz eine Ecce-Homo-Darstellung. Neobarocke Formen bestimmen den Prospekt der 1929 erbauten Schuke-Orgel. An den Wänden findet man Epitaphien derer von Ribbeck, in der nicht zugänglichen Gruft Särge von Angehörigen dieser und anderer Patronatsfamilien.

4 Haus Wertheim (Groß Glienicke)

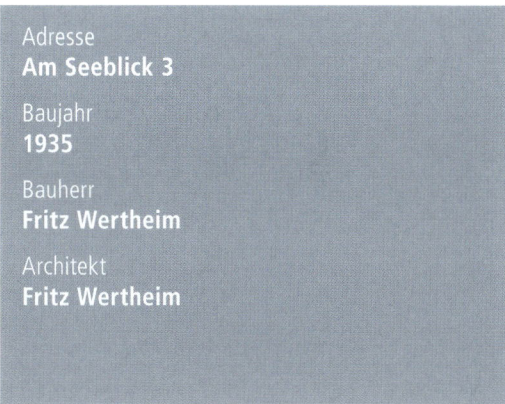

Adresse
Am Seeblick 3

Baujahr
1935

Bauherr
Fritz Wertheim

Architekt
Fritz Wertheim

Fritz Wertheim, Sohn des Kaufhausbesitzers Franz Wertheim, entwarf sein Wohnhaus 1935 selbst, wenige Jahre bevor er um seinen Besitz gebracht wurde und in die USA emigrierte. Er verband traditionelle und moderne Stilmerkmale mit herausragender Materialästhetik. Vom Einfamilienhausideal der NS-Zeit setzt sich der Eisenklinkerbau deutlich ab. Die markanten hohen Giebel an der Straßen- bzw. Gartenfront besitzen sowohl dreieckige als auch neusachlich-querrechteckige Fenster. Der Klinkerverband der straßenseitigen Einfriedung weist expressionistische Elemente auf. Nahezu vollständig erhalten ist die Innenausstattung mit Sitzecke und Kamin sowie Treppe und Einbauschränken. Das Haus ist ein gutes Beispiel für den 1920 einsetzenden Zuzug wohlhabender Berliner in Dörfer jenseits der Berliner Stadtgrenzen.

5 Haus hpn (Sacrow)

Adresse
Am Hämphorn 3a

Baujahr
2005

Architekten
Klaus Schlosser, Jean Lamborelle

Das auf der Landzunge Hämphorn an der Havel stehende schlichte Holzhaus behauptet sich gegen die benachbarten Häuser unterschiedlicher Epochen und Stile vermittels klarer, aber eleganter Geometrie und präziser Ausführung. Dass der auf einer Grundplatte aus Stahlbeton errichtete Holzständerbau innerhalb von nur neun Monaten entstand, beruht auf einem hohen Anteil vorgefertigter Elemente. Die hinterlüftete Außenfassade besteht aus Zedernholzleisten. Im Inneren nehmen meterdicke, jedoch einseitig offene wandähnliche Volumina (»Pockets«) kammerartig Nebenfunktionen des Wohnens auf (Garderobe, Heizraum, Kamin, Schrankraum usw.). Zugleich bilden sie ein innovatives, lebendiges System aus Wegen (»Fugen«), Überbrückungen und Räumen. Letztere können durch raumhohe Schiebetüren voneinander abgetrennt werden.

6 Wohnhaus Lesser (Sacrow)

Adresse
Am Hämphorn 5

Baujahr
1929–30

Architekten
**Moritz Lesser,
Hermann Mattern (Garten)**

Moritz Lesser, ein Mitglied der bekannten jüdischen Architektenfamilie aus Berlin, der mehrere exklusive Eigenheime im Berliner Westen entwarf, errichtete in Sacrow ein Wochenendhaus für sich selbst. Charakteristisch für das zweigeschossige Landhaus ist die klare Gliederung sowohl des winkelförmigen Grundrisses als auch der Fassade. Letztere kennzeichnen markante Gesimse und Traufen, große Fenster und eine qualitätvolle, lebendige Klinkerverkleidung. Die Wohn- und Schlafräume sind zur Seeseite angeordnet, während sich die Funktions- und Personalräume zur Straße hin befinden. Der das Haus umgebende Garten wurde einige Jahre später vermutlich von dem bedeutenden Landschaftsarchitekten Hermann Mattern gestaltet.

7 Heilandskirche Sacrow

Adresse
Krampnitzer Straße 9

Baujahr
1841–44

Bauherr
König Friedrich Wilhelm IV.

Architekt
Ludwig Persius

Die auf einer in den Jungfernsee reichenden Substruktion errichtete, von fern an eine Arche erinnernde Heilandskirche zählt zu den bedeutendsten Bauten der Schinkelschule und ist ein prägnanter Blickfang in der von Lenné gestalteten Landschaft. Friedrich Wilhelm IV. selbst verfertigte erste Skizzen. Er griff den Baustil frühchristlicher Kirchen mit ihren aus dem antiken Rom übernommenen Rundbogenformen und flachen Decken auf. Auch der freistehende Campanile ist eine Rezeption italienischer Romanik. Der einschiffige Saalbau mit halbrunder Apsis wirkt wegen des Säulenumgangs wie eine dreischiffige Basilika. Das gelbe Ziegelmauerwerk kontrastiert lebhaft mit blassblau glasierten Ornamentziegeln. Nach dem Mauerbau lag die Kirche direkt im Grenzgebiet; der Turm wurde als Bestandteil der Sperrmauer missbraucht, der Innenraum völlig zerstört. 1985 fand auf West-Berliner Initiative hin eine Notsicherung statt, 1993–96 die Sanierung.

8 Schloss Sacrow

Adresse
Krampnitzer Straße 9

Baujahr
1773, 1843/44 (Umbau)

Bauherren
**Graf Johann Ludwig von Hordt,
König Friedrich Wilhelm IV. (Umbau)**

Architekten
**Ludwig Persius (Umbau),
Peter Joseph Lenné (Park)**

Der Ursprungsbau des Sacrower Schlosses war ein 1773 errichtetes barockes Herrenhaus von zwei Geschossen und zehn Achsen unter einem Krüppelwalmdach. Am Südgiebel befand sich ein großes Gewächshaus. Nachdem Friedrich Wilhelm IV. das Gut 1840 erworben hatte, erfolgten einige Umbauten und Erweiterungen durch Persius, vor allem aber legte Lenné den großartigen Park an, der die Heilandskirche einbezog und dessen Sichtachsen den Blick freiließen auf die benachbarten Schlösser Pfaueninsel, Glienicke, Babelsberg und Cecilienhof. In der NS-Zeit wurde der Bau insbesondere im Inneren stark überformt. Völlig ruiniert wurde er jedoch erst nach 1961, als die DDR-Volksarmee einzog, das historische Gewächshaus abgerissen wurde und im Park Trainingsanlagen für die Spürhunde des Zolls entstanden. Nach der Wende wurden Park und Schloss wiederhergestellt.

9 Schweizerhäuser (Klein Glienicke)

Adresse
**Wilhelm-Leuschner-Straße 1,
Louis-Nathan-Straße 5 – 7**

Baujahr
1863–66

Bauherr
Prinz Carl

Architekt
Ferdinand von Arnim

Prinz Carl teilte die damals verbreitete romantische Begeisterung für die angeblich naturnahe und unverdorbene alpenländische Kultur. Deshalb ließ er den Schinkelschüler Ferdinand von Arnim zehn Holzhäuser im »Schweizer« Stil – passend zu den künstlichen Felsen am Böttcherberg und malerisch eingebunden in die hügelige Landschaft – als Wohnraum für Bedienstete errichten. Vier von ihnen sind erhalten. Die anders als ihre Vorbilder aus baupolizeilichen Gründen über einem Kalkbruchsockel massiv ausgeführten Häuser wurden im Obergeschoss holzverkleidet. Um ein gewachsenes Dorf zu suggerieren, variierte von Arnim den Typus. Besonders alpengerecht fielen die Häuser am Hang aus; andere wurden in der Senke des Bäkekanals gebaut. Sie alle besitzen ausladende Dächer, offene Galerien und reichlich Zier- und Schnitzwerk. Ein spätes Produkt der Schweizermode ist das 1873 in der Nachfolge Arnims entstandene Haus in der nahen Waldmüllerstraße 3.

10 Kapelle Klein Glienicke

Adresse
Wilhelm-Leuschner-Straße 1a

Baujahr
1880–81

Architekt
Reinhold Persius

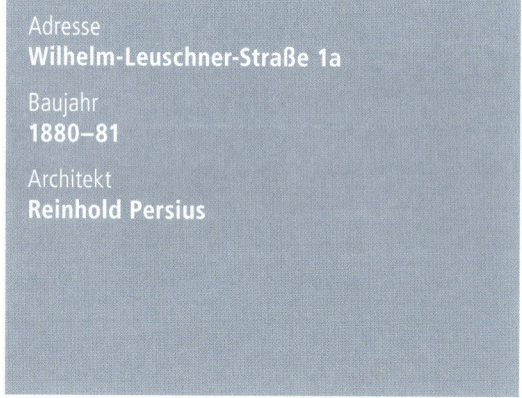

Der Entwurf für die 1881 eingeweihte, zunächst nur als Winterkirche dienende Kapelle Klein Glienicke stammte von Schlossbaumeister Reinhold Persius, Sohn von Ludwig Persius. Der gedrungene, einschiffige Klinkerbau verarbeitet zahlreiche Merkmale märkischer Gotik, darunter die über einem umlaufenden Gesimsband traufseitig aufgesetzten Zwerchgiebel sowie den aufwendig geschmückten Westgiebel mit eingebundenem Turm. Eine dunkel lasierte Holztonne überwölbt den Innenraum, auch die Decke des niedrigen Chors besteht aus Holzrippen. Nach 1961 verfiel die im Grenzgebiet liegende, nun ungenutzte Kirche rapide. Von 1992 bis 1997 erfolgte eine gründliche Sanierung. Auch die originale Ausstattung (Altar, Kanzel, Taufe, Kruzifix, Ausmalung) wurde restauriert. Seit der Wiedereröffnung 1999 finden wieder Gottesdienste und Konzerte in der evangelischen Kirche statt.

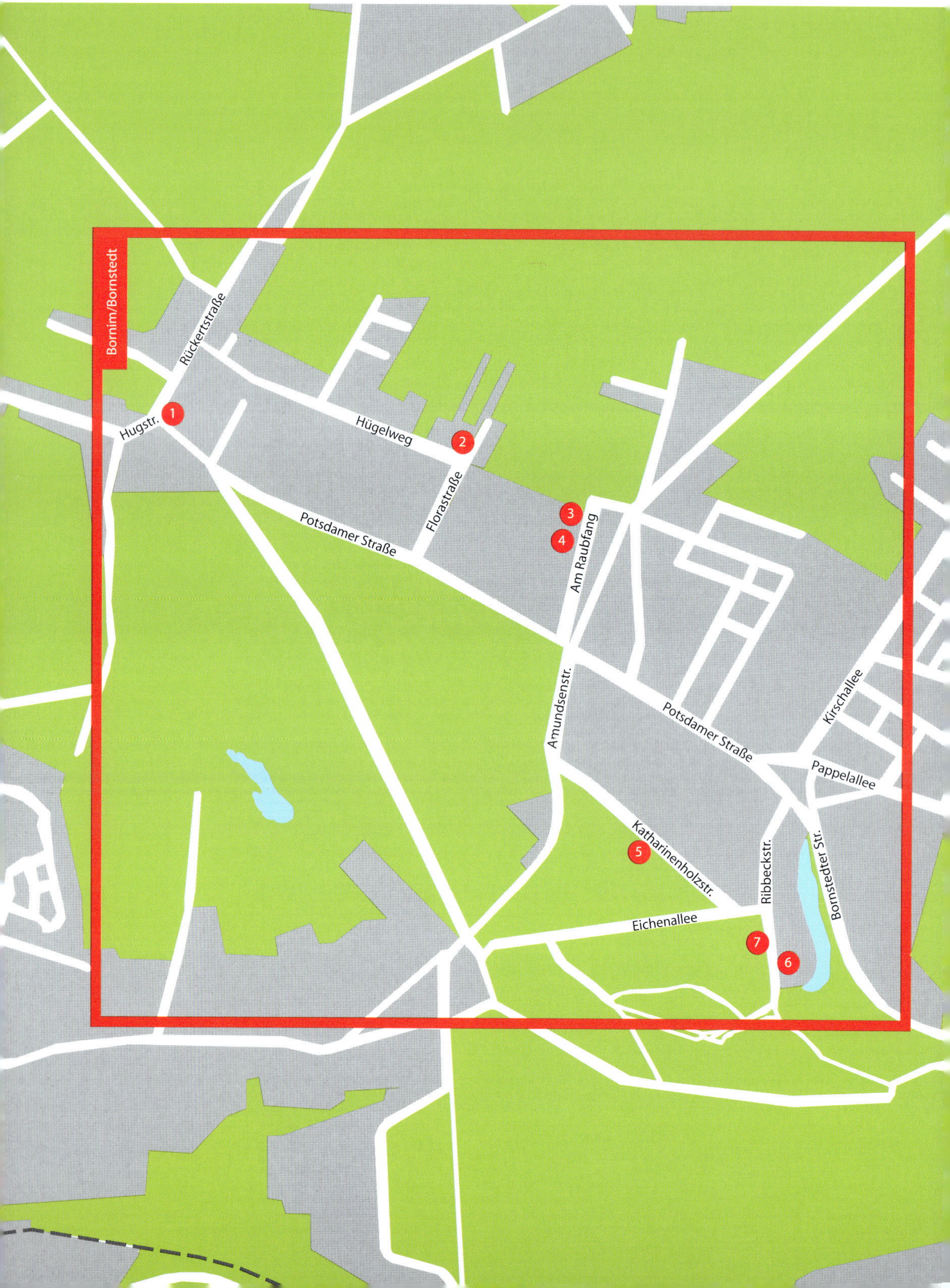

Bornim / Bornstedt

Bornim/Bornstedt

Rückertstraße

Hugstr.

1

Hügelweg

2

Florastraße

Potsdamer Straße

3

4

Am Raubfang

Amundsenstr.

Potsdamer Straße

Kirschallee

Pappelallee

Katharinenholzstr.

5

Ribbeckstr.

Bornstedter Str.

Eichenallee

7

6

Die hier vorgestellten Ortsteile befinden sich nordwestlich der Potsdamer Innenstadt und nördlich von Park Sanssouci. Sie wurden erst 1935 nach Potsdam eingemeindet.

Das einstige Gut **Bornim** wechselte häufig den Besitzer, ehe es 1663 Domäne des Großen Kurfürsten wurde. Dieser legte hier einen Garten und ein allerdings schon achtzig Jahre später wieder abgerissenes Lustschloss an. Bornim war Wirkungsstätte und Wohnort des berühmten Staudenzüchters und Landschaftsgärtners Karl Foerster, dessen Hausgarten bis heute ein Anziehungspunkt für botanisch interessierte Touristen ist.

Die Geschichte und Gestalt **Bornstedts** ist von ganz unterschiedlichen Nutzungen geprägt. Zum einen war es bis ins 19. Jahrhundert hinein ein ärmliches Dorf mit strohgedeckten Fachwerkhäusern. Zum anderes war es seit 1664 Krongut und als solches sowohl Exerzierfeld des preußischen Militärs als auch – unter Friedrich dem Großen – Jagdgebiet. Vor allem aber war Bornstedt ab Mitte des 19. Jahrhunderts unter Friedrich Wilhelm IV. königliches Versuchsgelände italianisierender Landesverschönerung und englischer Gartenkunst. Das dem »Kron-Fidei-Commiß« (unteilbares königliches Familienvermögen) zugeschlagene, vor wenigen Jahren sanierte und wiedereröffnete Gut Bornstedt geriet zu einem mustergültigen Ensemble.

Persönlichkeiten wie Ludwig Persius, Ferdinand von Arnim, Ferdinand Hesse, Peter Joseph Lenné, Emil Sello hinterließen ihre Spuren in Bornstedt, das sich ganz in der Nähe des Parks von Sanssouci befindet beziehungsweise ein Teil davon ist.

Jenseits des Unesco-geschützten Weltkulturerbes wechseln sich ländlicher Charakter und reizvolle Wasserlagen ab mit bis in jüngere Zeit militärisch genutzten Kasernenkomplexen. Auf den Konversionsflächen des Bornstedter Felds entsteht im Umfeld des einstigen BUGA-Parks und heutigen Volksparks Potsdam eine hochwertige moderne Wohnsiedlung.

1 Dorfkirche Bornim

Adresse
Potsdamer Straße, Rückertstraße

Baujahr
1901–03

Architekten
**Ludwig von Tiedemann (Entwurf),
Arthur Kickton (Ausführung)**

Die Bornimer Dorfkirche entstand Anfang des 20. Jahrhunderts anstelle eines mittelalterlichen Vorgängerbaus. Der asymmetrische Bau besteht aus einem breiten, gedrungenen Haupt- und einem abgetrennten, als Winterkirche fungierenden südlichen Seitenschiff. Der mit 55 Metern sehr hohe, spitze Turm befindet sich ungewöhnlicherweise südlich des rechteckigen Chores. An der mit drei Portalen und einem Blendengiebel versehenen West-

fassade, aber auch am Turm wurden neogotische Elemente verarbeitet. Backsteinschmuck kontrastiert reizvoll mit grobem Kalksteinmauerwerk. Über dem Saalbau wölbt sich eine hölzerne Spitztonne, das Gewölbe über dem Chor ist massiv. Die Chorseitenwände tragen Malereien von Victor Paul Mohn von 1909 mit den biblischen Szenen »Lasset die Kindlein zu mir kommen« und »Emmausjünger«. Auch die übrige Ausstattung ist bauzeitlich.

2 Wohnhaus Mattern (Bornim)

Adresse
Florastraße 53

Baujahr
1933 – 34

Bauherr
Hermann Mattern

Architekt
Hans Scharoun

Hermann Mattern, ein bedeutender Landschaftsarchitekt, ließ sich sein mit einer weitläufigen Gartenanlage umgebenes Wohnhaus von Hans Scharoun, mit dem er in den 1930er Jahren vielfach eng zusammenarbeitete, errichten. Scharoun entwarf einen winkelförmigen, eingeschossigen Baukörper mit leicht geneigtem Dach. Markante Merkmale sind eine organisch geschwungene seitliche Fassade sowie die mittels großer Fenster und einer Terrasse er-

zielte großzügige Öffnung zum südwärts gelegenen Garten. Im Inneren befindet sich noch heute ein Relief von Oskar Schlemmer. Mattern selbst erweiterte den flachen Putzbau Ende der 1930er Jahre nach Nordwesten um ein Gebäude mit steilem Satteldach.

3 Wohnhaus Bonk (Bornim)

Adresse
Am Raubfang 19

Baujahr
1938–39

Architekt
Hans Scharoun

Das aus gekalktem Backstein errichtete Haus Bonk entstand für einen Mitarbeiter des namhaften Gärtners und Züchters Karl Foerster. Es wird berichtet, dass die NS-Behörden dem Architekten Hans Scharoun zunächst die Baugenehmigung verwehrten, sodass er eine zweite, konventionellere Planungsvariante einreichte, er aber doch eine der ersten Fassung ähnliche Version baute. Als zeittypische Kompromisslösung darf man wohl das steile, mit Gauben versehene Walmdach bezeichnen. Moderner ist der offene, zum Garten hin orientierende Grundriss. Eine geschwungene Fassade mit großen Fenstern vermittelt elegant zur überdachten Terrasse. Die Straßenfassade des Gebäudes ist dagegen deutlich schlichter und weniger transparent.

4 Wohnhaus und Garten Karl Foerster (Bornim)

Adresse
Am Raubfang 6

Baujahr
1911

Bauherr
Wilhelm Foerster

Architekt
unbekannt

Als Karl Foerster 1910/11 mit seiner Staudengärtnerei von Berlin nach Potsdam-Bornim zog, ließ dort sein Vater, der Astronom Wilhelm Foerster, für ihn ein großzügiges Haus im zeittypischen Landhausstil errichten. Karl Foerster bepflanzte und gestaltete das dazugehörige ca. 5000 Quadratmeter große Gelände zu einem vielfältigen Schaugarten u.a. aus Steingarten, Herbstbeet und Frühlingsweg sowie einem innovativen terrassierten »Senkgarten« mit Wasserbecken. Foersters Anwesen war in den 1930er Jahren Begegnungsort eines hochkarätig besetzten »Bornimer Kreises« aus befreundeten Gartengestaltern, Künstlern und Architekten. In den 1930er Jahren wurde der Garten durch Herman Mattern umgestaltet, ab 1983 sowie ab 1998 erfolgten denkmalpflegerische Restaurierungen. In Potsdam ist Karl Foerster vor allem auch aufgrund der von ihm gestalteten Freundschaftsinsel bekannt.

5 Stadtvillen Katharinenholzstraße (Bornstedt)

Adresse
Katharinenholzstraße 32–34c

Baujahr
1996–97

Bauherr
Norddeutsche Grundvermögen Bau- und Entwicklungsgesellschaft mbH & Co KG

Architekten
Wolfgang Nietz (nps Nietz, Prasch, Sigl)

Auf einer Streuobstwiese entstanden 1997 zwölf frei-stehende Stadtvillen mit 88 hochwertigen Eigentums-wohnungen. Die Bebauung ordnet sich um drei Höfe und bildet dadurch halböffentliche und private Plätze. Vor Baubeginn hatte es Auseinandersetzungen zwischen der Stiftung Schlösser und Gärten und der Stadt Potsdam wegen möglicher Beeinträchtigungen der historischen Sichtachsen der Potsdamer Kulturlandschaft gegeben.

Die zweigeschossigen Gebäude werden durch ein drittes, zurückgesetztes Staffelgeschoss erweitert und von Sattel- und Pyramidendächern abgeschlossen. Helle Putzflächen und Verblendmauerwerk bestimmen die Fassaden. Es gibt eine Zisterne zur Ableitung von Regen- und Schmelz-wasser sowie eine Tiefgarage für einhundert Autos. Um eine heterogene Bewohnerstruktur zu erreichen, wurden drei verschiedene Haustypen mit unterschiedlichen Woh-nungsgrößen entwickelt.

6 Krongut Bornstedt

Adresse
Ribbeckstraße 6–7

Baujahr
1846–48, 1999–2001

Bauherr
König Friedrich Wilhelm IV.

Architekten
Johann Heinrich Haeberlin, Emil Sello (Park)

1664 kaufte der Große Kurfürst das auf das 12. Jahrhun-dert zurückgehende Bornstedter Rittergut; 1724 wurde es dem Großen Militärwaisenhaus und später dem Amt Potsdam unterstellt. Seine heutige Gestalt verdankt es König Friedrich Wilhelm IV., der es 1841 zurückerwarb und das nunmehrige Krongut – nach einem Brand – von Johann Heinrich Haeberlin komplett neu errichten ließ. Villenartige Rohziegelbauten mit malerischen Türmen

folgen dem seinerzeit modischen italienischen Landhaus-stil. Ab 1867 lebten hier Kronprinz Friedrich Wilhelm und seine englische Gemahlin Victoria, die es gemeinsam als Mustergut mit Milchwirtschaft und Hühnerzucht bewirt-schafteten. Emil Sello gestaltete 1875 nach englischem Vorbild den Park neu. Das zu DDR-Zeiten mit modernen Gebäuden überformte Ensemble wurde ab 1999 rückge-baut, rekonstruiert und 2001 für den Tourismus geöffnet.

7 Pfarrkirche Bornstedt

Adresse
Ribbeckstraße 41

Baujahr
1854–55, 1881–82

Architekten
**Friedrich August Stüler,
Johann Heinrich Haeberlin,
Reinhold Persius**

Die nach Entwürfen Friedrich August Stülers 1854/55 von Johann Heinrich Haeberlein errichtete Bornstedter Pfarrkirche ersetzte einen Vorgängerbau von 1805. Erste Ideen notierten bereits 1842 Friedrich Wilhelm IV. und Ludwig Persius. Der Basilika im oberitalienischen Rundbogenstil sind zur Straße ein Arkadengang und an dessen Ende ein markanter Glockenturm vorgelagert; sie erinnert damit an die Heilandskirche in Sacrow- und die Friedenskirche in Babelsberg. An den Ecken wird der gelbe Rohziegelbau von tabernakelartigen Baldachinen mit Terrakottastatuetten von Friedrich W. Koch bekrönt. Anstelle der ursprünglichen Apsis erfolgte 1881/82 durch Reinhold Persius ein dreischiffiger Choranbau.
Im Inneren wird der schlichte Saalbau von einer Holzbalkendecke überspannt. Einzelne Ausstattungselemente (Taufe, Bemalung der Orgel) folgen englischen Vorbildern. Unter den Epitaphien ist insbesondere das des Freiherrn Jacob Paul von Gundling von Interesse, dem von Friedrich Wilhelm I. psychisch misshandelten und tragisch geendeten Präsidenten der Akademie der Wissenschaften. Gern mag man Theodor Fontane zustimmen, der schrieb: »Die Bornstedter Basilika samt Säulengang und Etagenturm ist ein Schmuck des Dorfes und der Landschaft; aber was doch weit über die Kirche hinausgeht, das ist ihr Kirchhof, dem sich an Zahl berühmter Gräber vielleicht kein anderer Dorfkirchhof vergleichen kann.« Man findet dort die Grabanlagen von Heinrich Ludwig Manger, Peter Joseph Lenné, Ferdinand von Arnim und Reinhold Persius, aber auch des »Langen Kerls« und Kaufmanns Heinrich Wilhelm Wagenführer, des Widerstandskämpfers Kurt von Plettenberg und des Kunsthistorikers Ludwig Justi. Auf einer von Hermann Ludwig Sello 1844 angelegten Erweiterung befinden sich das Sellosche Erbbegräbnis sowie das Grab von Ludwig Persius.

Fahrland / Neu Fahrland

Fahrland

Ketziner Str.

Döberitzer Str.

Marquardter Str.

Fahrländer See

Krampnitzsee

Neu Fahrland

Am Lehnitzsee

Tschudistr.

Weißer See

Potsdam

Der erst 2004 eingemeindete Ortsteil **Fahrland** liegt nordwestlich Potsdams und nördlich des Fahrländer Sees. 1197 wurde die Ortschaft unter dem Namen »Vorlande« erstmalig in einer Schenkungsurkunde des Markgrafen Otto II. von Brandenburg erwähnt. Theodor Fontane beschrieb in den »Wanderungen durch die Mark Brandenburg« den Ort mit Kirche, Kirchberg und Königswall. Sehenswert ist auch die letzte von ehemals drei Bockwindmühlen.

Neu Fahrland entstand Mitte des 19. Jahrhunderts als Gartenstadt an der Chaussee nach Spandau. Der ebenfalls erst seit 2003 zu Potsdam gehörende Ort wird von folgenden Havelseen umgeben: Krampnitz- und Lehnitzsee im Osten, Jungfernsee und Weißer See im Süden, Fahrländer See im Westen. Aufgrund der spektakulären Lage des »Fünf-Seen-Ortes« entstanden einige prächtige Villen. In jüngerer Zeit wurden, teils für Zuzügler aus Potsdam und Berlin, zahlreiche Ein- und Mehrfamilienhäuser errichtet.

1 Bockwindmühle (Fahrland)

Adresse
Ketziner Straße

Baujahr
(1758), 1798

Im 18. Jahrhundert gab es in Brandenburg mehr Windmühlen als heute Windkrafträder. Die 1758 erbaute Bockwindmühle ist die einzig erhaltene von ursprünglich drei, die einst in Fahrland zu finden waren. Bockwindmühlen gehören zu den ältesten Mühlen überhaupt: Der Bock stützt den senkrecht stehenden Hausbaum, auf dem durch eine gewaltige Balkenkonstruktion der gesamte Mühlenkasten drehbar gelagert ist, welcher

mit Hilfe des sogenanntes Steertes, einem Steuerbalken an der Mühlenkastenrückseite, in den Wind gedreht werden kann. Die bis 1967 betriebene Fahrländer Mühle wurde 1798 an ihren heutigen Standort umgesetzt, der Bock Anfang des 20. Jahrhunderts massiv umbaut.

2 Dorfkirche Fahrland

Adresse
Ketziner Straße

Baujahr
13. Jahrhundert, 1709

Die einschiffige, langgestreckte, auf rechteckigem Grundriss errichtete Dorfkirche von Fahrland erfuhr 1709 einen grundlegenden Umbau, wobei spätmittelalterliches gotisches Mauerwerk integriert wurde. Dazu gehören der Sockel des 1740 quadratisch aufgestockten und 1774 wieder verkleinerten Westquerturms, ein gotischer Spitzbogen zwischen Kirchenschiff und Vorhalle sowie an der Ostwand Blendöffnungen von fünf gotischen Fenstern.

Die Putzgliederung des Turmaufbaus sowie dessen flaches Zeltdach stammen von 1774. Die Innenausstattung des flachgedeckten Saals mit einer hölzernen Hufeisenempore auf »toskanischen« Säulen und einer polygonalen Kanzel entstand um 1770. Um 1930/31 wurden die Emporen gekürzt, damit die farbigen ovalen Bleiglasfenster in der Ostwand wieder zur Gänze zu betrachten sind.

3 Villa Siemens »Heinenhof« (Neu Fahrland)

Adresse
Heinrich-Heine-Weg

Baujahr
1909–11

Bauherr
Carl Friedrich von Siemens

Architekten
**Otto March,
Heinrich Buchacker (Park)**

Der Großindustrielle Carl Friedrich von Siemens, Sohn des Firmengründers, ließ sich ab 1909 eine repräsentative Villa mit einer 12 Hektar großen Parkanlage auf der Landzunge Stinthorn errichten. Otto March entwarf den luxuriös ausgestatteten Gebäudekomplex im englischen Landhausstil ohne ausgeprägtes Sockelgeschoss mit ebenerdigen Zugängen zum Garten. Die Privaträume sind nach Süden ausgerichtet, die Wirtschaftsräume liegen im Norden. Die aufwendige Anlage des Parks erfolgte durch Heinrich Buchacker. Nach dem II. Weltkrieg befand sich zunächst ein Militärhospital, danach ein Kliniksanatorium in den Räumlichkeiten. Villa und Garten sind weitgehend erhalten und werden wieder privat genutzt; die Heinrich-Heine-Klinik zog in einen benachbarten Neubau.

4 Brückenzollhaus Nedlitzer Fähre (Neu Fahrland)

Adresse
Tschudistraße 1

Baujahr
1851–54

Bauherr
König Friedrich Wilhelm IV. (Umbau)

Architekt
Ludwig Persius (Entwurf 1845)

Um 1850 ersetzte man die hölzerne Nedlitzer Nordbrücke durch eine massive Anlage aus vier Bögen sowie einer Zugbrücke. Die ersten Entwürfe verfertigte Ludwig Persius. 1939/40 teilweise gesprengt und später dreijochig wiederaufgebaut, wurde die historische Brücke im Jahr 2001 zugunsten einer modernen gänzlich abgerissen.
Im Zuge des von Friedrich Wilhelm IV. initiierten Brückenneubaus wurde das der Fährfamilie Müller gehörende Brückenzoll- bzw. Gutshaus, das 1780 von Heinrich Ludwig Manger errichtet worden war, nach einem älteren Entwurf von Persius im normannischen Burgenstil mit Zinnen und angegliedertem Wachturm überformt und aufgestockt. Rote Ziegelbänder schmücken die gelben Backsteinfassaden. Reste des im II. Weltkrieg teilweise zerstörten Anwesens sind bis heute sichtbar, der zerstörte Turm wurde nicht wieder errichtet.

Grube / Golm / Eiche

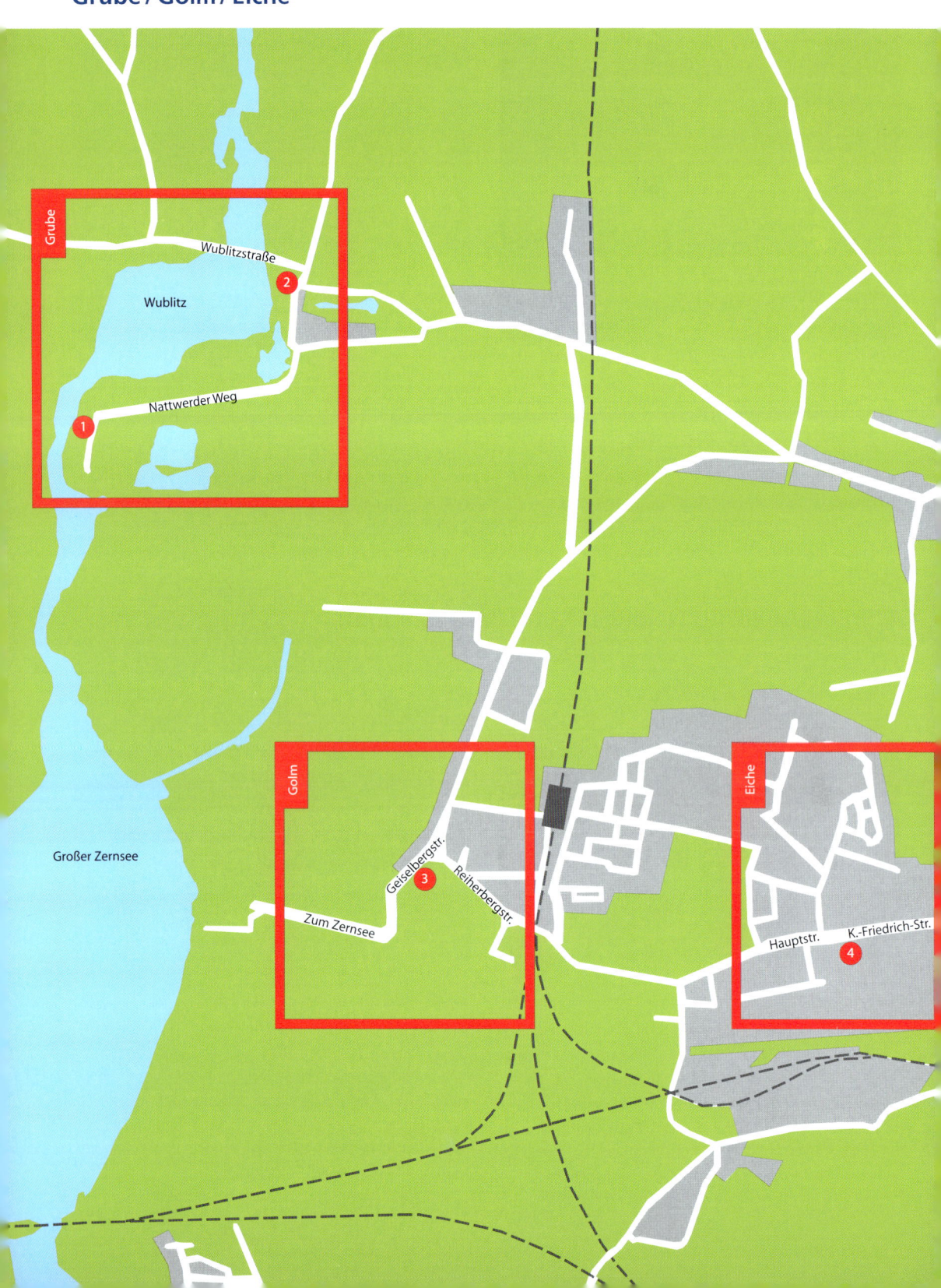

Grube

Wublitzstraße

Wublitz

Nattwerder Weg

Großer Zernsee

Golm

Geiselbergstr.

Reiherbergstr.

Zum Zernsee

Eiche

Hauptstr. K.-Friedrich-Str.

Die drei einstmals eher ländlichen Orte befinden sich westlich Potsdams in landschaftlich reizvoller Lage. Seit 1993 bzw. 2004 sind sie Ortsteile der Landeshauptstadt. Ihre gute Infrastruktur und die Potsdamnähe befördern den Zuzug neuer Bewohner.

Das Dorf **Golm** wurde erstmals 1289 erwähnt. Traditionell von der ansässigen Landwirtschaft geprägt, wurden der Ort und seine Umgebung seit den 1930er Jahren auch militärisch genutzt. NS-Luftwaffe, Reichsarbeitsdienst, Nationale Volksarmee, die Hochschule des Ministeriums für Staatssicherheit sowie die Bundeswehr waren bzw. sind hier ansässig. Heute ist Golm allerdings vor allem der bedeutendste Wissenschaftsstandort Brandenburgs. In zum Teil neu errichteten Gebäuden arbeiten drei Institute der Max-Planck-Gesellschaft und eines der Frauenhofer-Gesellschaft sowie zwei Fakultäten der Universität Potsdam.

Eiche wurde erstmals 1193 urkundlich erwähnt und war bis zu seiner Erweiterung ab 1881 ein Straßendorf. Stärker noch als Golm ist auch dieser Ort vom Militär geprägt. Schon in Preußen ein Kasernenstandort, wurden sowohl im »Dritten Reich« als auch in der DDR-Zeit Kasernen für Heer und Polizei gebaut. Heute dienen die historischen Standorte der Bundeswehr und dem Polizeipräsidium Potsdam.

Grube hat seinen dörflichen Charakter am ausgeprägtesten behalten. Dass es nicht zum Amt Werder, sondern immer noch zu Potsdam gehört, verdankt es wohl einzig seiner Lage diesseits der Wublitz. Die heute zu Grube gehörende ehemalige Kolonistensiedlung Nattwerder ist eine Gründung des Kurfürsten Friedrich Wilhelm.

1 Dorfkirche Grube

Adresse
Neue Dorfstraße

Baujahr
1745–46

Bauherr
König Friedrich II.

Die barocke Dorfkirche wurde 1746 wurde als Patronats-kirche des damaligen Krongutes Grube errichtet. Der ver-putzte Backsteinbau auf rechteckigem Grundriss mit ge-radem Ostschluss ist mit einem Walmdach aus Biber-schwanzziegeln bedeckt; der eingezogene quadratische Turm im Westen trägt eine Schweifhaube und einen ho-hen Laternenaufsatz. Die sparsam gegliederten Fassaden werden von schmalen, hohen Fenstern durchbrochen.

Unter der Kirche befindet sich eine Gruft. Die bauzeitliche Innenausstattung der Saalkirche aus Gestühl, Altar, Em-pore und Patronatsloge sowie eine der beiden 1745 von Johann Christian Schultze in Berlin gegossenen Bronze-glocken sind erhalten. Jüngst wurde der hölzerne Kanzel-altar in seiner alten Farbigkeit restauriert. Bei der Orgel handelt es sich um ein 1890 von Carl Eduard Gesell aus Potsdam mit sechs Registern erbautes Instrument.

2 Dorfkirche und Pfarrhaus Nattwerder

Adresse
Dorfstraße

Baujahr
1685–90 (Kirche)
1756 (Pfarrhaus)

Bauherr
Kurfürst Friedrich Wilhelm

Der Große Kurfürst veranlasste 1685 im Zuge der »Repeu-plierung« die Gründung des Kolonistendorfes Nattwerder für hier angesiedelte calvinistische Schweizer Bauern. Dazu wurden auf der »feuchten Insel« eine Kirche und sechs Hofanlagen errichtet. Als einziges Wohnhaus aus der Ära der Reformierten ist noch das des Pfarrers von 1756 erhalten. Die 1690 fertiggestellte Kirche ist ein schlichter Putzbau mit dreiseitigem Chorabschluss und

einem niedrigen quadratischen Westturm mit ziegelge-decktem Pyramidendach. Horizontale Gesimsstreifen bil-den einen ausgewogenen Kontrast zu den Vertikalen der Fenster. Der Saal ist flachgedeckt; die Kanzel und die Westempore stammen aus der Entstehungszeit; die Ost-empore mit ausschwingender Brüstung und Orgelprospekt ist von 1797. Die Potsdamer Werkstatt Schuke baute 1996 eine neue Orgel in das historische Gehäuse ein.

3 Alte und Neue Dorfkirche Golm

Adresse
Geiselbergstraße 52

Baujahr
1459 (Alte Kirche)
1883 – 86 (Neue Kirche)

Architekten
Emil Gette, Max Spitta (Neue Kirche)

Der im 15. Jahrhundert erbaute und 1718 mit einem neuen, gedrungenen Westturm versehene verputzte Backsteinbau der Alten Dorfkirche dient heute nur noch als Friedhofskapelle. Grund ist ein benachbarter neugotischer Sichtziegelbau, den das Kronprinzenpaar Friedrich (III.) und Victoria anlässlich seiner Silberhochzeit stiftete. Der gestaffelte Saalbau mit Polygonalchor, einem an der Nordseite angefügten hohen, jedoch 1971 seines Dach-reiters beraubten Turm sowie Anbauten wie der Sakristei im Süden und der Hofloge im Norden wird von einem steilen, ehemals farbig gedeckten Satteldach mit Blendgiebeln überdeckt. Eine malerische Wirkung erzeugen ferner grünglasierte Formziegel als gliederndes Schmuckelement der roten Backsteinfassade. Zur reichen, einheitlich bauzeitlichen Innenausstattung gehören eine Gesell-Orgel und Wandmalereien in der Apsis.

4 Dorfkirche Eiche

Adresse
Kaiser-Friedrich-Straße

Baujahr
1770–71, 1882

Architekten
Georg Christian Unger,
Emil Gette (Anbau)

Georg Christian Unger entwarf die Dorfkirche als einen überkuppelten Rundbau mit einem südlich vorgelagerten, zweigeschossigen Turm, den eine schlanke Pyramidenspitze abschließt. Der klassizistische Zentralbau ist als Zitat des Pantheons in Rom zu verstehen und insofern mit anderen unter Friedrich II. entstandenen Bauten vergleichbar. 1882 fügte Emil Gette im Norden einen zweigeschossigen Erweiterungsbau hinzu. Im lichtdurchflu-teten Inneren gehören eine umlaufende Galerie auf acht toskanischen Holzsäulen und ein Altarbild nach Leonardo da Vinci zur Ausstattung. Die Sauer-Orgel von 1882 wurde auf Wunsch der Kronprinzessin Victoria mit Ornamenten in den englischen Nationalfarben versehen. Der 1945 zerstörte Kirchturm wurde 2000 originalgetreu wiederaufgebaut. Auf dem Friedhof findet man klassizistische Grabanlagen des ausgehenden 18. Jahrhunderts.

Marquardt / Satzkorn

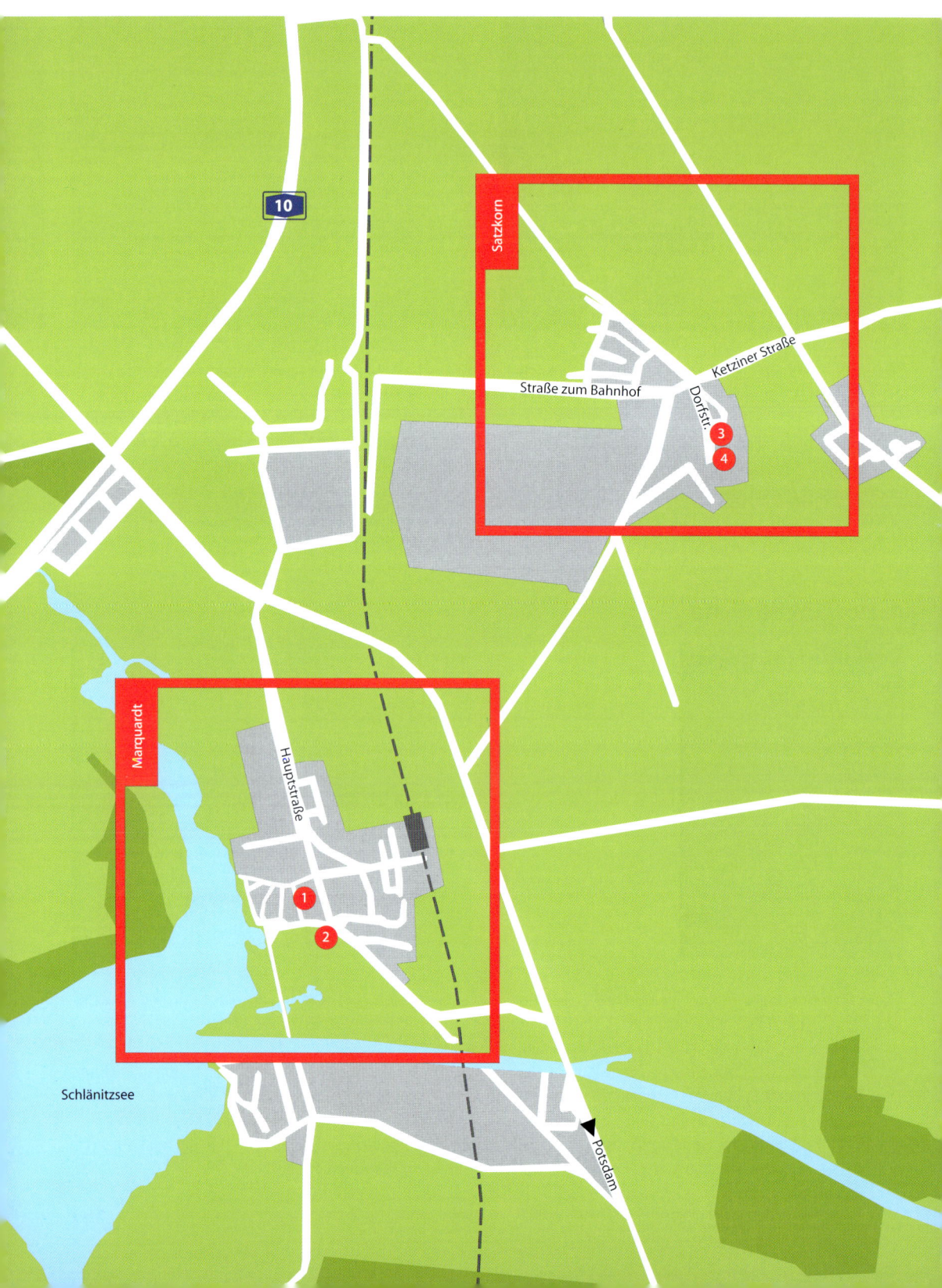

Satzkorn

10

Ketziner Straße

Straße zum Bahnhof

Dorfstr.

3

4

Marquardt

Hauptstraße

1

2

Schlänitzsee

Potsdam

Die erst 2003 eingemeindeten Ortsteile Marquardt und Satzkorn liegen nordwestlich des Potsdamer Zentrums inmitten des havelländischen Obstanbaugebiets.

Marquardt wurde 1313 als Gut und Herrensitz Skoryn (Schorin) erstmalig erwähnt. 1704 ging es als Geschenk von König Friedrich I. an seinen Minister Ludwig Marquardt von Printzen und trug fortan dessen Namen. 1795 erhielt General Hans Rudolf von Bischofswerder den Ort als Ruhesitz aus den Händen Friedrich Wilhelm II. Einen weiteren Entwicklungsschub erfuhr Marquardt, als der Berliner Stahlhändler Louis Ravené 1892 das Gut erwarb und vor dem I. Weltkrieg das Schloss ausbauen ließ. 1932 pachtete das Hotelunternehmen Kempinski Schloss und Parkgelände und machte den havelländischen Ort zu einem Ausflugsziel der Berliner.

Satzkorn gehört zu den am frühesten besiedelten Gegenden Brandenburgs. Funde von Bandkeramik stammen aus dem 6. Jahrtausend vor Christi, andere aus der Bronze-, der Eisen- und der römischen Kaiserzeit. Erwähnt wurde der Ort erstmals 1332 in einer Urkunde des Klosters Spandau und noch einmal im Landbuch Kaiser Karls IV. um 1375. Jahrhundertelang war Satzkorn im Besitz verschiedener Rittergeschlechter, doch ab 1731 erwarb Friedrich Brandhorst, der bürgerliche Leibarzt von König Friedrich Wilhelm I., deren Güter. Auf eine achthundertjährige Tradition zurückgreifend, ist Obstbau heute der wichtigste und bekannteste Wirtschaftszweig.

1 Dorfkirche Marquardt

Adresse
Hauptstraße

Baujahr
1901

Bauherr
Dr. Louis Ravené

Architekten
Schultz & Adolf Stegmüller

Der Berliner Industrielle und Geheime Kommerzienrat Louis Ravené – zugleich Besitzer des Marquardter Schlosses – stiftete der hiesigen Gemeinde 1901 eine neue Kirche, da die barocke Dorfkirche von 1733 marode war und abgerissen werden musste. Der einschiffige neoromanische Backsteinbau besitzt an seinen Seiten je einen markanten Anbau: Der südliche dient als Taufraum und Zugang zur Patronatsloge, der nördliche als Erbbegräbnis der Familie Ravené. Unter dem letzteren befindet sich ihre Familiengruft mit bis heute erhaltenen Zinksarkophagen. Zur prächtigen historischen Ausstattung des von einer trapezförmigen Holztonne überwölbten Innenraums gehören drei bleigefasste Buntglasfenster im Chor mit biblischen Motiven sowie aufwendige Metallarbeiten aus der Fabrik des Stifters. Aus der Vorgängerkirche stammen u.a. der Taufstein und ein Epitaph.

2 Schloss Marquardt

Adresse
Hauptstraße 10, 14

Baujahr
**18. Jahrhundert,
1893, 1909 – 14**

Architekt
Otto Walter

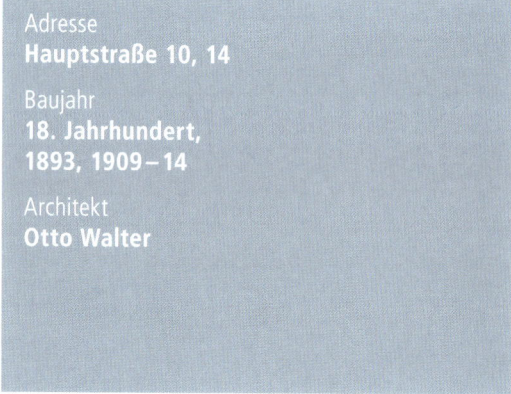

Den Kern der heutigen Schlossanlage bildet ein schlichter siebenachsiger Barockbau des preußischen Ministers Ludwig Marquardt von Printzen, später auch des Generals und engen Vertrauten Friedrich Wilhelm II., Hans Rudolf von Bischofswerder. Der Berliner Stahlgroßhändler Louis Ravené erwarb das Anwesen 1892 und ließ in den folgenden Jahren eine neue Kirche errichten sowie das Schloss beträchtlich erweitern. Otto Walter baute das Schloss neubarock und in Rokokoformen um. Aus dieser Zeit stammen ein großer ovaler Festsaal, eine holzgetäfelte Treppenhalle, der Turm und die Terrassen. Außerdem erweiterte Walter die auf Lenné zurückgehende Parkanlage. 1932 ließ Kempinski das Schloss zu einem Hotel umbauen. Nach 1945 wurde es enteignet und als Flüchtlingsquartier und Schule, danach als Institutsgebäude der Humboldt-Universität genutzt. Heute steht es leer.

3 Dorfkirche Satzkorn

Adresse
Dorfstraße

Baujahr
**13. Jahrhundert,
1669**

Die im 13. Jahrhundert aus Feldsteinen errichtete ein-schiffige Dorfkirche Satzkorn wurde 1669 umgebaut und dabei in Backstein nach Osten verlängert, dort mit einem halbrunden Abschluss versehen und verputzt. Auch die Stichbogenfenster, der verbretterte und schie-fergedeckte Dachturm sowie der westliche Anbau stam-men aus dieser Zeit. Der Kirchenbau erfuhr 1989 eine umfassende Renovierung. Im Inneren sind der um 1670 von einem unbekannten Künstler geschnitzte barocke Altaraufsatz und die fünfseitige Kanzel aus dem Jahr 1671 bemerkenswert. Beide Ausstattungsstücke wurden jüngst restauriert. Eine hölzerne Taufe sowie die Orgel des Orgelbaumeisters Gesell stammen aus den Jahren 1872/73. In der Turmhalle befinden sich vier Sandstein-grabplatten aus dem 17. Jahrhundert.

4 Gutshaus Satzkorn

Adresse
Dorfstraße 8

Baujahr
1739

Die Geschichte des mit seinen Nebengebäuden denkmal-geschützten Gutshofes von Satzkorn lässt sich bis ins 15. Jahrhundert zurückverfolgen. Das einstige Rittergut be-fand sich seit 1416 im Besitz der Familie Hünicke. 1731 erwarb der bürgerliche Leibarzt von Friedrich Wilhelm I., Johann Conrad Friedrich Brandhorst, das Gut. 1739 ließ dieser das alte Gebäude abreißen und an gleicher Stelle ein nunmehr barockes Haus errichten. Es handelt sich um einen palaisartigen eingeschossigen, verputzten Zie-gelbau von elf Achsen. Der markante Mittelrisalit der Ostfassade besitzt ein Obergeschoss und eine reichge-schmückte Attika. 1947 wurde der Brandhorstsche Hof enteignet und in ein volkseigenes Gut überführt. Bis 1991 nutzte man das Haus als Büro- und Sozialgebäude. Heute steht das Anwesen, dessen Kellergewölbe und Teile der Seitenflügel spätmittelalterlich sind, leer und verfällt.

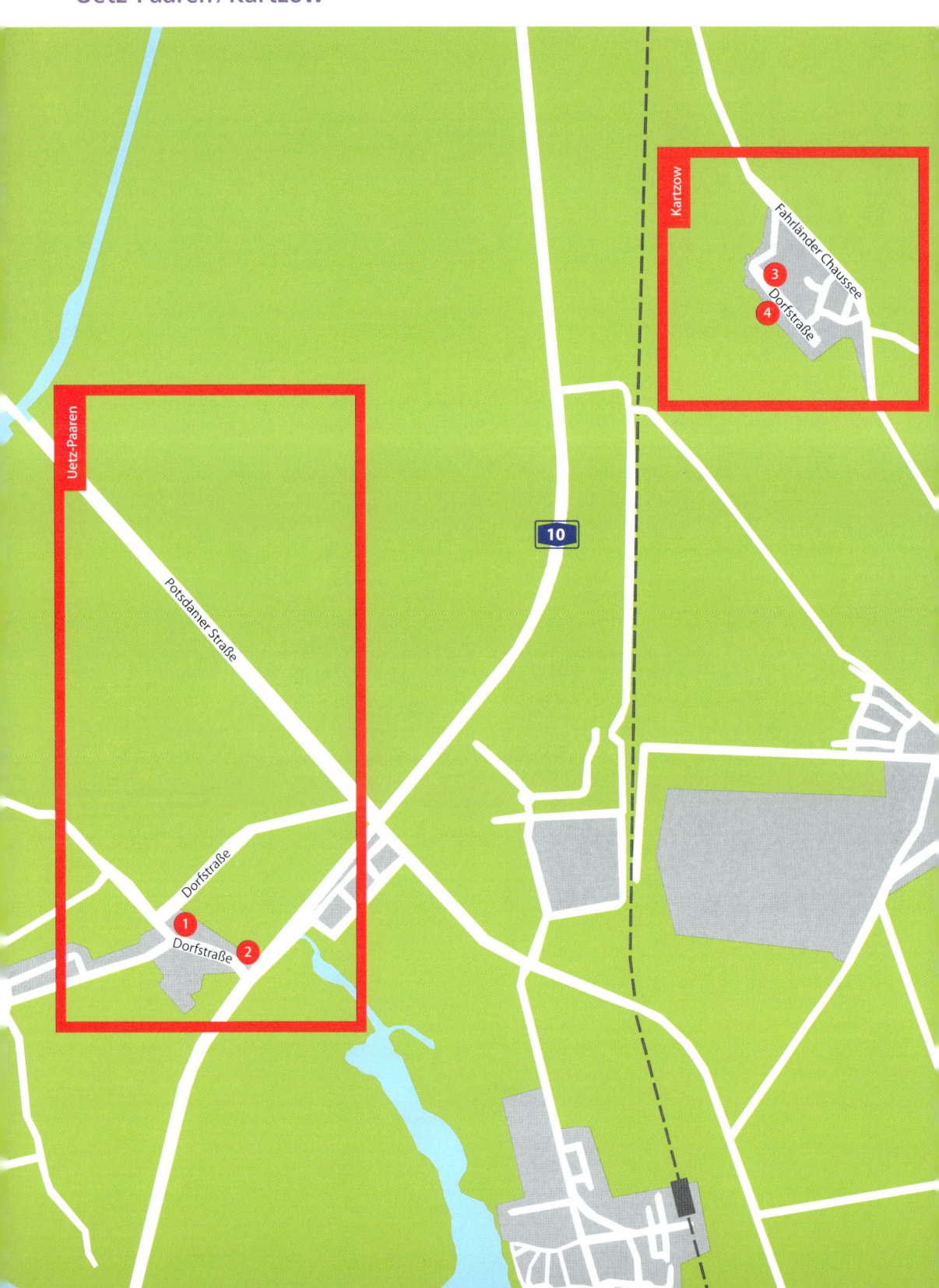

Uetz-Paaren / Kartzow

Kartzow

Fahrländer Chaussee

Dorfstraße

3

4

Uetz-Paaren

Potsdamer Straße

10

Dorfstraße

Dorfstraße

1

2

Die Geschichte der märkischen Dörfer **Uetz** und **Paaren** reicht bis ins 9. Jahrhundert zurück, als hier altwendische Fischer lebten. Nach 1180 siedelten deutsche Ackerbauern an den Ufern der Wublitz und gründeten ein Gassendorf in Uetz bzw. ein Straßendorf in Paaren. Die im 14. Jahrhundert entstandenen Rittergüter gehörten u.a. den Familien von Hake, von Hünicke und von Bredow. 1836 erwarb Friedrich Wilhelm III. den Gutsbesitz von Uetz, machte ihn zum königlichen Schatullgut und integrierte ihn in sein Landschaftsverschönerungsprogramm.

Die Doppelgemeinde Uetz-Paaren gibt es erst seit 1961; seit 2003 ist sie ein Ortsteil von Potsdam.

Das erstmals 1357 erwähnte Pfarrdorf **Kartzow** entstand an einer mittelalterlichen Handelsstraße nordwestlich Potsdams. Die Geschichte verzeichnet eine wechselnde Anzahl freier Hofstellen sowie ein Rittergut.

Die bis Mitte des 19. Jahrhunderts dominierenden Fachwerkhäuser mit Rohrdach fielen 1873 einem großen Brand zum Opfer und wurden danach überwiegend durch Neubauten in Ziegelbauweise ersetzt.

Das Rittergut wurde Anfang des 20. Jahrhunderts von einem Spirituosenfabrikanten erworben, welcher das Gutshaus umbauen ließ. Während des II. Weltkriegs wurde es militärisch, nach 1945 als Unterkunft für Umsiedler, als Kindergenesungsheim und Sanatorium genutzt. Von 1998 bis 2006 stand Schloss Kartzow leer. Seit einer Teilsanierung steht es neuerdings mit repräsentativen Räumen für Firmenevents, Familienfeiern und kulturelle Veranstaltungen zur Verfügung.

1 Dorfkirche Paaren

Adresse
OT Paaren, Dorfstraße

Baujahr
1770

Henning Joachim von Bredow, in dessen Besitz sich das Rittergut Paaren seinerzeit befand, stiftete 1770 die dortige Dorfkirche, einen schlichten rechteckigen Putzbau mit Satteldach. Der quadratische Westturm ist unten verputzt, im Obergeschoss verbrettert und mit einem schiefergedeckten Zeltdach versehen. Die Wetterfahne der Kirche trägt bis heute die Stifterinitialen H.J.v.B., und auch über dem Westportal findet man eine Wappenkartusche der Familie von Bredow. Die Orgel von 1899 auf der Westempore stammt von der Potsdamer Firma Schuke. 1962/63 ließ der Kirchenbaurat Winfried Wendland den Innenraum des Gotteshauses gründlich umgestalten. Im Jahr 2000 wurde die Kirche umfangreich saniert.

2 Fähr- und Fischerhaus Uetz

Adresse
OT Uetz, Dorfstraße 31

Baujahr
1834/35

Bauherr
König Friedrich Wilhelm III.

Architekt
Ludwig Persius

Friedrich Wilhelm III. erwarb das Gut Uetz im Jahr 1832 – es blieb bis 1945 persönliches Eigentum der Hohenzollern – und ließ, um es schneller zu erreichen, eine Fähre über die Wublitz einrichten, einen Damm durch das Feuchtgebiet zwischen Uetz und Paretz aufschütten und eine Straße anlegen. Ludwig Persius entwarf am Übergang über die Wublitz ein romantisches Fähr- und Fischerhaus im sogenannten Schweizer Stil mit kunstvollen Holzverzierungen an den Giebeln und der Traufe. Im Kern ein Ziegelfachwerkgebäude, besitzt es fünf Räume, deren klassizistische Ausmalung zum Teil noch erhalten ist. Ursprünglich trug es ein flachgedecktes Reetdach, heute ein Pfettendach. Mit dem Bau des Berliner Rings 1935 verlandete die Fährstelle; daher steht das Haus heute am Ende einer Straße. Das zugehörige Stallgebäude musste nach einem Brand 1988 vollständig abgetragen werden.

3 Gutshaus und Park Kartzow

Adresse
Dorfstraße

Baujahr
um 1850, 1912–14

Bauherr
Arthur Gilka (Umbau 1914)

Architekten
Eugen Schmohl
Gutspark: J. A. F. Fintelmann (um 1850),
Georg Potente (1940)

Der Spirituosenfabrikant Arthur Gilka ließ vor dem I. Weltkrieg das gut sechzig Jahre zuvor errichtete Kartzower Gutshaus zu einer sehr repräsentativen dreiflügeligen Anlage umbauen und erweitern. Eugen Schmohl verband dabei wie in seiner zeitgleich entstandenen Villa Borsig in Berlin neobarock-historistische Elemente (Mansarddach mit Gauben, rustizierende Portaleinfassungen, Freitreppe u.a.) mit verhalten modernen. Zum Park hin folgte Schmohl mit zwei ehemals offenen Loggien in den kurzen Seitenflügeln dem zeitgenössischen englischen Landhausstil eines Muthesius.

Nach jahrelangem Leerstand wurde das Haus 2006/07 teilsaniert und soll demnächst zu einem noblen Tagungs- und Wellness-Hotel weiter ausgebaut werden.

4 Dorfkirche Kartzow

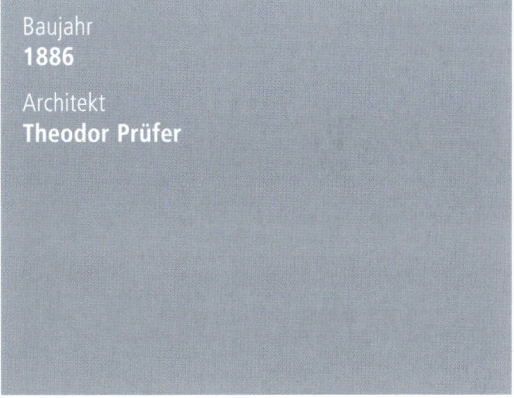

Baujahr
1886

Architekt
Theodor Prüfer

Auf den Fundamenten eines durch Brand vernichteten Vorgängerbaus aus dem 13. Jahrhundert errichtete der Berliner Architekt Theodor Prüfer 1886 einen neogotischen Feldsteinbau mit Satteldach. Der mächtige quadratische Turm, die fünfseitige Chorapsis sowie weitere schmückende und gliedernde Architekturelemente sind aus rotem Backstein. Die auf der Westempore befindliche Orgel von 1886 stammt von Carl Eduard Gesell. Von 1989 bis 1995 erfolgte eine umfassende Sanierung der Kirche, bei der man unter anderem die ursprüngliche Farbigkeit im Inneren wiederherstellte. Im Innenraum findet man ein Kreuzigungsgemälde wohl aus dem Vorgängerbau (ca. 18. Jahrhundert), und östlich der Kirche steht ein mittelalterliches Sühnekreuz aus Granit.

Personenregister

Personenregister

Personenregister

Objektregister

Objektregister

Objektregister

Straßenregister

Straßenregister

Abbildungsnachweis

Klaus Hellenthal
**10–18, 22–26, 28–35, 38–43, 46–51, 53–57,
59–61, 66–76, 78, 79, 83–86, 88–92, 99, 101,
102, 111–113, 116–118, 121, 123–126, 130,
136–138, 142–145, 148, 149, 152, 153, 156, 157,
160, 161**

Hagen Immel
**3, 20, 21, 22, 35, 39, 52–54, 60, 67, 79, 82, 84,
90, 93, 98–100, 102–105,110, 111, 116, 119, 120,
125, 127, 130, 131, 134**

Michael Lüder
**20, 24–28, 31, 38, 40, 43, 48, 52, 72, 82, 87, 93,
110, 114, 119, 121, 124, 135,**

Stiftung Preußische Schlösser und Gärten Berlin-Brandenburg
62, 63, 77, 94, 95, 108, 109

Jeannette Jacob
17, 23, 50, 68, 83, 135, 149

Albrecht Ecke
98, 121, 122

Potsdam Museum, Foto: Mandler
6

Eilers Architekten
58

FalconCrest, Fotoflug- und Filmvertonungs GmbH
113

Gisela Gessner
115

Bauherrin Haus Gugenheim
120

Danksagung

Fertig gebaut!

Wir danken allen Mitstreitern, Symphatisanten, Mitarbeitern und Begleitern unserer Arbeit an diesem Buch.

Wir danken der Stadt Potsdam und dem Firmenverbund PRO POTSDAM für die inhaltliche und finanzielle Unterstützung unserer Arbeit.

Wir danken Dr. Frank Böttcher vom Lukas Verlag für seine Geduld!

Wir danken Caroline Gegenbauer, Jörg Limberg, Dr. Volker Punzel, Frank Bublitz, Alexander Stache, Uwe Weihmann und Beate Wehlke (AK-Brandenburg) für die maßgebliche Unterstützung der inhaltlichen Recherche.

Wir danken der Texterin, den Fotografen und besonders Klaus Hellenthal für den selbstlosen Einsatz.

Potsdam, im März 2008   Catrin During, Albrecht Ecke

Impressum

Konzeption: Catrin During, Albrecht Ecke

Recherche / Material:
Dr. Volker Punzel, Frank Bublitz, Alexander Stache, Uwe Weihmann
Caroline Gegenbauer, Jörg Limberg (Untere Denkmalpflege der Stadt Potsdam)
Catrin During
Dr. Frank Böttcher

Texte: Stefanie Wahl (170), Catrin During (43), Albrecht Ecke (Einleitungen)

Lektorat: Dr. Frank Böttcher

Fotos:
Klaus Hellenthal (143), Hagen Immel (37), Michael Lüder (27), Stiftung Preußische Schlösser und
Gärten Berlin-Brandenburg (14), Jeannette Jacob (7), Albrecht Ecke (3), Potsdam Museum / Mandler
(1), Eilers Architekten (1), FalconCrest, Fotoflug- und Filmvertonungs GmbH (1), Gisela Gessner (1),
Bauherrin Haus Gugenheim (1)

Gestaltung: eckedesign – Schmiedek, Ecke, Frenz, Hofer, Jacob, Kleeßen, Marohl

Umschlagentwurf: eckedesign unter Verwendung eines Fotos von Hagen Immel

Druck: Elbe Druckerei Wittenberg

Lukas Verlag für Kunst- und Geistesgeschichte
Kollwitzstraße 57
10405 Berlin
www.lukasverlag.com

Printed in Germany
ISBN 978-3-936872-90-2

Aus der Fülle der Potsdamer Architektur haben wir mit Bedacht nur 213 Objekte aufgenommen. Es
hätten auch gut und gerne doppelt so viele oder gar eintausend sein können. Die Auswahl war nicht
einfach. Sollten wir aber Ihrer Meinung zufolge wesentliche vergessen haben oder sollten sich trotz
intensiver Recherche Fehler eingeschlichen haben, freuen wir uns über Ihre Information.